OPINIONES Y APUNTES DE POLÍTICA, ECONOMÍA Y ADMINISTRACIÓN

HÉCTOR JULIO GARZÓN VIVAS

ÍNDICE

INTRODUCCIÓN

El presente texto *Opiniones Personales y Apuntes de Política, Economía y Administración,* del autor Héctor Julio Garzón Vivas, es una recopilación inicial de una serie de documentos, la mayoría de ellos publicados en prensa nacional de Colombia, como el Diario La Tarde de la ciudad de Pereira, en el departamento de Risaralda

Cabe agregar que el periodo de dichas publicaciones comprende desde el año 1989 y abarca hasta el año 2006. La periodicidad que se establece en las mismas está determinada por regulares apariciones en este tipo de prensa y porque sus opiniones han sido claves en el desarrollo de algunos de los temas más punzantes de la historia económica de Colombia o se han generado en aras de dar un aporte particular a las situaciones que han surgido en relación con los temas económicos del país.

El doctor Héctor Julio Garzón Vivas, es un profesional con estudios formales en Economía Industrial, Maestría en Economía y ha cursado un Master Business Administration, MBA en Dirección Financiera, además de una Especialización en Gerencia de Procesos y Calidad. A lo largo de estos procesos educativos se ha destacado por realizar un énfasis claro en gestión de la productividad, efectividad, la ética y generación de valor para la sociedad, la empresa pública y privada.

Posee igualmente una capacidad para dirigir, liderar y supervisar equipos de trabajo multidisciplinarios en donde ha sobresalido su autonomía y autocontrol hecho que le ha permitido trabajar bajo condiciones de presión y en pro del logro de resultados.

Su experiencia como profesional se ha desarrollado igualmente como asesor y directivo en las áreas de la planeación, la administración, la contratación pública, las finanzas, el control interno y los sistemas de gestión de calidad. De igual forma se ha especializado en el diseño e implementación de los procesos y procedimientos de algunas entidades del orden nacional y privado, con excelentes resultados.

También su experiencia se encuentra en la gestión administrativa, la logística y la contratación pública. Finalmente, cabe agregar de este autor que tiene una habilidad para el trabajo por proyectos, con enfoque hacia la efectividad y generación de valor, hecho que se podrá validar en algunos de los documentos relacionados en este primer volumen y que afloran sobre las propuestas y posibles objetivos de los proyectos mencionados en alguna de las partes en que se divide el mismo.

Teniendo en cuenta los aspectos generales de sus opiniones, así como el recorrido y experiencias adquiridas del autor, se puede dar por sentado que las opiniones y afirmaciones hechas en cada uno de sus escritos tienen un carácter valioso, que le permiten aportar a las diferentes problemáticas de país y a las diversas situaciones históricas que han sido vistas, analizadas y criticadas por el mismo a lo largo de su formación y trabajo en las entidades del orden nacional e internacional por las cuales ha divagado a lo largo de su vida.

El presente volumen tiene un contenido total de 38 documentos, los cuales se encuentran relacionados sobre el tema general de la política, economía, la administración de esta y algunas opiniones personas que se dan en varios espacios y frente a algunos eventos que han generado reflexión a la sociedad colombiana.

Estos documentos han sido subdivididos a su vez en cinco capítulos nombradas y enumeradas como: crítica económica, proyectos, valores, función pública y cartas. Tal como se ha mencionado, cada uno de estos paquetes contiene los documentos que sobre los temas mencionados aborda el autor, aunque esta clasificación ha sido un poco a priori, el lector encontrará, en este sentido, que algunas de las opiniones y afirmaciones de autor se han generado en espacios y momentos de la historia del país que son valiosos y han ayudado a generar, de cierta forma una opinión al respecto.

Cabe agregar igualmente, que todo el trabajo presentado no es exclusivo y neófito del autor, sino que el mismo hace parte de las diferentes publicaciones en las cuales ha participado, hecho que también le da un criterio de verdad a las mismas y permite que el lector establezca un símil sobre las situaciones en las cuales fueron generadas algunas de ellas o una gran parte de las mismas.

Dejo, de esta manera, un primer esbozo para que el lector aprecie con intención crítica este tipo de documentos y le otorgue el valor que requiera dentro de apreciación personal. De igual manera espero que esta primera recopilación de la obra periodística del doctor Héctor Julio Garzón Vivas sea de gran interés y genere buenas opiniones entre sus lectores y oportunas críticas entre sus detractores.

EL EDITOR

4

Esta primera parte de los documentos de este libro, muestran las ideas del autor de forma libre y direccionadas a algunos de los aspectos más sobresalientes de la historia del momento y de la crítica de la economía o por algunas de las actuaciones que generaron ciertas situaciones en la historia económica del país.

Como el lector podrá apreciar hay documentos que se relacionan con temas abiertos como la importancia de la motivación, el desempleo, la inflación, la devaluación o el rescate de posición crítica de un sujeto, entre otros que muestran abiertamente las ideas y opiniones del doctor Héctor Julio Garzón Vivas.

ALGO SOBRE MOTIVACIÓN

Uno de los fines de las personas que pertenecemos a este directorio es el de lograr el aprovechamiento del RECURSO HUMANO, y un mecanismo para alcanzar este propósito es la MOTIVACIÓN, en este caso se sugiere la Comunicación como el método apropiado. Para obtener los mejores resultados se proponen los siguientes consejos:

1. Asegúrese que cada persona sepa cómo va en su trabajo, no deje de comentar el desempeño individual periódicamente.
2. De el crédito a quien corresponda, proporciona al logro.
3. Informe a su gente sobre los cambios con anticipación, las personas informadas son más eficaces.
4. Permita participar a la gente en los planes y decisiones que los afectan.
5. Conozca a sus colaboradores personalmente; averigüe sus intereses, costumbres y aspiraciones.
6. Escuche las propuestas de sus colaboradores, ellos también tienen buenas ideas.
7. Si el comportamiento de una persona es anormal, averigüe el por qué, siempre hay una razón.
8. Trate de transmitir sus deseos en forma de sugerencia, o solicitudes, siempre que sea posible. Por lo general, a la gente no le gusta que la empujen.
9. Explique el porqué de las cosas que deban hacerse, la gente las hará mejor.
10. Cuando usted cometa un error admítalo, culpar a otro causa resentimiento.
11. Critique constructivamente. De razones para sus críticas y sugiera formas en que pueda mejorarse el desempeño.
12. Preceda las críticas con una mención de los puntos fuertes de las personas, demuéstreles su intención de ayudarles.
13. Sea consistente en sus actuaciones, no permita que su gente dude sobre lo que espera de ellos.
14. Si alguien se queja, averigüe la causa; la queja de una persona puede ser la de muchos.

15. Apoye a su gente... La autoridad se acompaña con la responsabilidad.

Lo anterior debe tenerse en cuenta para que nuestra función como líderes produzca los mejores resultados, en bien de toda la COMUNIDAD, con la cual debemos trabajar.

POR ÚLTIMO: Un buen líder desarrollará las siguientes tareas básicas: PLANEAR (Recursos, medios y procedimientos de trabajo). ORGANIZAR (determinar prioridades y mecanismos de acción). COORDINAR (dar la información adecuada y oportuna a sus colaboradores). DIRIGIR (estimular la responsabilidad e iniciativa). CONTROLAR (evaluar todas las actividades y personas, y proponer medidas correctivas).

IDEOLOGÍA LIBERAL

Leyendo los estatutos del PARTIDO LIBERAL COLOMBIANO, encontré como en el preámbulo están consignadas las BASES IDEOLÓGICAS de este: en este caso quiero trascribirlos sin tratar de darle ningún tipo de interpretación:

"El partido liberal colombiano es el partido del pueblo. A través de toda la historia nacional, ha sido en efecto, fiel personero de las clases populares. Por ello el liberalismo entiende que su misión política presente y futura es la de construir una sociedad más igualitaria y equilibrada, fundamentada en la democracia representativa y de participación en el orden político, económico, social y cultural, condición ineludible para que los derecho políticos y sociales alcance plena realización. Para lograr estos fines el partido liberal colombiano está comprometido en orientar su quehacer partidista permanente hacia el perfeccionamiento del sistema jurídico a través de las reformas necesarias y en la acción decidida contra la opresión y la discriminación de todo género. El partido continúa así cumpliendo con su función de ser agente de cambio social y de la seguridad institucional".

El partido liberal colombiano, considera, además, que para realizar los objetivos señalados anteriormente debe desarrollarse plenamente el precepto constitucional que le asigna al Estado la dirección general de la economía y lo faculta para intervenirla, planificarla y racionalizarla, inspirado siempre en el ánimo de mejorar y elevar el nivel de vida del pueblo en general y de sus clases medias y proletarias en especial; garantizar la igualdad de oportunidades educativas, así como las económicas y sociales, democratizando el acceso a los medios de producción y defendiendo a los grupos vulnerables y débiles de la población, capacitándolos para que sean protagonistas de un mejor destino. La libertad de empresa y el derecho a la propiedad privada son principios de organización económica que acata el liberalismo, siempre y cuando cumplan la función social que les impone la constitución política de Colombia.

En el campo de las relaciones internacionales el liberalismo defiende los principios de solidaridad y cooperación económica; el de no intervención en los asuntos internos de otros países; el de la autodeterminación de los pueblos; el de la universalización de las relaciones internacionales y la vigencia del derecho internacional en la solución de los conflictos entre naciones. El liberalismo colombiano se siente solidario con todos los partidos progresistas y democráticos que luchan contra la presión, el colonialismo o la dictadura de cualquier naturaleza.

1. Partido del Pueblo.
2. Construir una sociedad igualitaria y equilibrada.
3. Democracia representativa y de participación en el orden político.
4. Perfeccionamiento del sistema jurídico, contra cualquier discriminación.
5. El Estado debe: dirigir, intervenir, planificar y racionalizar la igualdad de oportunidades educativas.
6. Democratizar propiedad de los medios de producción.
7. Libertad de empresa y derecho a la propiedad privada.
8. Solidaridad y cooperación internacional.
9. No intervención en asuntos internos.
10. Universalización del derecho internacional.
11. Solidaridad con partidos PROGRESISTAS Y DEMOCRÁTICOS.

POSICIÓN CRÍTICA...

El Comité Liberal de la Universidad Católica, CLUC, quiere presentar un cordial saludo a los estudiantes, profesores y directivos de nuestra Universidad y en especial dirige un afectuoso saludo a los estudiantes de Primer Semestre, a quienes deseamos plenos éxitos en sus labores académicas.

El CLUC, tiene como filosofía asumir posiciones críticas frente a las circunstancias que nos rodean; es por ello que expresamos nuestra preocupación al ver una serie de problemas que tocan a la organización y el aspecto físico de la Universidad y, por tanto, afectan directa o indirectamente el normal funcionamiento de la misma.

Es necesario y en esto llamamos la atención a los directivos, para solucionar este tipo de problemas que, según nuestra apreciación, requieren del menor esfuerzo, tanto económico como organizacional, teniendo en cuenta que la UNIVERSIDAD debe ser un ente que funciona como PLANES, los cuales se sobreentiende deben ser previamente concebidos.

Concretamente se quiere resaltar problemas como la falta de profesores para algunas materias; realización a tiempo y evaluación positiva de los Seminarios de grado, en lo que corresponde a la parte académica y organizacional. Igualmente, se quiere llamar la atención sobre el estado físico de la Universidad Católica, el cual no permite un adecuado bienestar de los que allí estamos (por ej.: sanitarios y pintura en general).

El CLUC cree que debe hacerse una revisión de estas situaciones, e invita a los distintos estamentos a mejorarlos; ello sin lugar a dudas amentará la imagen de la UCPR, ubicándola como uno de los mejores centros de educación superior, del Departamento de Risaralda, sobre todo por la calidad de profesionales que allí se forma.

Finalmente, y en aprovechamiento de esta etapa inicial de labores, debe hacerse notar la clara necesidad de la conformación del CONSEJO ESTUDIANTIL, el cual debe convertirse en vocero y generador de soluciones, al igual que ser un Foro Permanente, en bien de la comunidad universitaria.

El CLUC está dispuesto a colaborar en las iniciativas que se tomen por parte de las autoridades o los estudiantes.

POSDATA: SI QUEREMOS BRILLAR AFUERA, DEBEMOS PRIMERO LIMPIAR ADENTRO (COLABOREMOS TODOS…)

CALIDAD SOCIAL[1]

Ahora que en Colombia, al menos teóricamente, se ha entrado en una etapa que se pudiera llamar un nuevo país, ello en vista de la reciente promulgación de la Constitución de 1991 –un tratado de Paz, como muchos han dicho–; en la Constitución, sin lugar a dudas, el tema de mayor trascendencia que se trató allí es el relacionado con lo social –no lo socialista–; en ella se reconocen una serie de derechos tanto individuales como colectivos y se vislumbra un cambio muy profundo en los aspectos éticos de nuestra sociedad.

Elementos como el voto programático, el veto a los ministros, el régimen para los congresistas, la afirmación de la función social de la propiedad privada, la elevación a precepto constitucional de la participación de la comunidad en las decisiones importantes del gobierno –pilar fundamental de Democracia–, son un buen punto de partida, aunque no el mejor para realizar, por parte de la sociedad, un control sobre los sectores gubernamental y privado, desde el punto de vista político y administrativo. Me atrevo a pensar que ello da pie para plantear un nuevo concepto, tal vez no muy nuevo, pero sí bastante sugestivo, como es el de LA CALIDAD SOCIAL, el que estaría indicando una condición esencial en la realización de los actos de los diferentes estamentos que conforman nuestra nacionalidad. Esa cualidad debe ser premisa de una democracia capitalista, ahora más que nunca tendiente hacia la liberación economía.

La calidad social, igualmente puede entenderse como un compromiso y un derecho, con características simbióticas, para que decisiones aparentemente aisladas contribuyan al logro de una mayor rentabilidad social, con precios ajustados que sean el reflejo de unas sanas relaciones económicas en toda la extensión de la palabra.

---

[1] Publicado en el Diario La Tarde de Risaralda. Agosto de 1991.

El concepto de calidad, derivado y aplicado de la administración empresarial japonesa, debe ser más extensivo y genérico en nuestro país, de tal manera que sea asimilado y desarrollado para las unidades sociales.

Los criterios para medir la calidad pueden ser: la productividad, la eficiencia, la participación comunitaria, la justicia social y la competitividad de los estamentos sociales que son, al mismo tiempo, insumo y producto del proceso histórico.

Es clara entonces la equivocación de Marx, al plantear como un estadio superior al socialismo ahora, en contra de él y de quienes dicen que la historia se acabó, se abre paso hacia un capitalismo social, dentro de los planteamientos establecidos o realizados anteriormente.

UN NUEVO ESTILO DE LIDERAZGO

La nueva estructura orgánica de nuestro país ha hecho necesario que los líderes desplieguen una serie de actividades y de cualidades personales que le permitan adaptarse a su comunidad, en razón de las exigencias históricas de esta.

Actualmente un líder no se caracteriza por la templanza o grado de persuasión que su voz tenga, en otras palabras, por ser o no un buen orador, esto se ha relegado a segundo plano; basta una descuidada mirada para darnos cuenta que el líder debe ser un ACTIVISTA, entendiéndolo como aquella predisposición (PSICOLOGÍCA, MORAL Y FISICA), para ser un EMPRENDEDOR DE OBRAS, así como de trabajar al lado de su comunidad.

El líder, visto de esta manera, debe ser un EMPRESARIO, definida en forma abierta; la persona en la cual se confunden equilibradamente AUTORIDAD Y PODER, debe ser un GENERADOR DE IDEAS, QUE LLEVADAS A LA PRÁCTICA, REPRESENTE FUENTE DE BIENESTAR SOCIAL. De allí que aquellos que realizan cualquier tipo de trabajo comunitario, requieren de una continua y esmerada preparación y, sobre todo, en aquellos temas que directa o indirectamente tienen que ver con los conglomerados humanos, pues aquí cabe decir que EL HOMBRE, se une con los de su especie por una cantidad infinita de razones, las cuales se matizan, desde las más individualistas (EGOISMO), hasta las más socialistas (ALTRUISMO). Además, este líder tendrá un claro sentido de UBICACIÓN, de tal forma que se le facilite adaptarse al medio cambiante y así mismo presente soluciones que respondan POSITIVA Y EFICAZMENTE a los problemas del HOMBRE ACTUAL.

En resumen: "La sociedad es una empresa, donde sus líderes son los EMPRESARIOS, cuya gestión se mide en el mayor o menor grado de BIENESTAR (GANANCIAS), mejor distribuida entre los individuos que la formula".

Estas palabras buscan promover la capacidad de liderazgo que hay en todos los que están en la Universidad, ya que aquí se describe en gran parte el PERFIL del LÍDER, que la comunidad busca ávidamente; entonces la Universidad se acomodará a una necesidad real: "FORMAR Y CAPACITAR EMPRESARIOS CON CLARAS IDEAS COMUNITARIAS".

¡DOSQUEBRADAS MI CIUDAD! DESGREÑO URBANO Y ADMINISTRACIÓN

Hace algunos años en el Municipio de Dosquebradas, se emprendió una campaña cuyo eslogan era el de: "¡ DOSQUEBRADAS MI CIUDAD!", y su filosofía consistía esencialmente en la de lograr una identidad social y cultural a la localidad. Después de tanto tiempo, parece ser que quienes iniciaron tan meritoria labor se cansaron; las acciones que condujeron a lograr tanto la identidad como el desarrollo municipal se han desvanecido en el tiempo y en el corazón de sus habitantes y de sus administradores.

Dan entonces ganas de llorar al percibir el desgreño administrativo, urbano y fiscal, con todas sus consecuencias sociales y económicas. Problemas como la mala calidad, por cierto, escasos servicios públicos, estancamiento en la inversión pública y privada; elevación desmesurada en los gastos de funcionamiento, en especial los gastos por servicios prestados; desgano en los docentes, factor decisivo en la mala calidad de la educación; deficiencias urbanísticas, etc.

Todos estos problemas, entre otras cosas, se deben a la falta de planeación de la administración pública; además la administración municipal realiza sus programas – si es que existen–, con un gran contenido político, pero en el mal sentido de este concepto, ya que sus actos, sobre todo en los últimos meses, llevan una clara dirección electorera, con miras a mantener un grupo político. Esto ha hecho que la ejecución del presupuesto público se convierta en una masa informe. Elementos como la contratación exagerada de personal y, lo peor de todos, las practicas arcaicas y nocivas de descontar a dichos empleados cuotas para la financiación de la actual campaña electoral. Hechos como los aquí planteados, contradicen los más elementales principios económicos, administrativos y sociales, sin decir de los de carácter ético.

Aunque no se pretende dar solución a todos los problemas de Dosquebradas, a tal punto de convertirla en el país de las maravillas, se hacen las siguientes propuestas:

PRIMERO: Realizar un plan de desarrollo, con un horizonte no inferior a cuatro años; aplicando los más modernos métodos de planificación regional y urbana; en tal plan debe permitirse la participación de todos los estamentos municipales, así como el hecho de introducir al municipio en el concierto regional y nacional. En este Plan de desarrollo se tendrán en cuenta aspectos: ADMINISTRACIÓN Y HACIENDA.

SEGUNDO: Realizar cuanto antes una reestructuración administrativa que obedezca a las necesidades reales y que garanticen la eficiencia y el más óptimo aprovechamiento de los recursos municipales.

TERCERO: Diseñar y poner en marcha un Sistema de Administración de Personal para los empleados de la Alcaldía y de los organismos descentralizados, donde prevalezcan los criterios de tecnificación, profesionalización, honestidad de los funcionarios y que se traduzca en la mejor atención a los usuarios del Estado. De la misma manera debe estudiarse la posibilidad de establecer una planta docente municipal, que garantice la motivación de los profesores, evitando la vinculación de maestros por contrato, pero que ofrezca un mínimo de garantías laborales y se busque ulteriormente la buena preparación de los escolares.

CUARTO: Hacer un ajuste a las finanzas públicas del municipio, mejorando significativamente la proporción de los gastos del funcionamiento sobre los gastos de inversión neta. Tal hecho debe estar acompañado de la debida concertación con la comunidad y demás sectores económicos (industriales, comerciantes y agricultores); un rígido estatuto de contratación administrativa; además de buscar la rentabilidad social y económica del gasto, de tal manera que sea un elemento redistribuidor de los ingresos de los contribuyentes.

CARTA A LA OPINIÓN PÚBLICA

La CORPORACIÓN JUVENIL DE DOSQUEBRADAS, quieren informar a toda la comunidad de este municipio, la decisión que fue tomada en asamblea general, celebrada este domingo primero de marzo.

Teniendo en cuenta que la corporación no tiene como fin el proselitismo político o religioso y que su misión es la de aportar al desarrollo cívico, social y cultural del municipio, a través de la realización de proyectos puntuales y la formación de líderes juveniles y considerando finalmente la pluralidad ideológica de esta organización, se tomó la decisión únicamente de manifestar públicamente su apoyo al Dr. VICTOR ARMANDO CASTELLANOS, como candidato a la alcaldía.

Que la decisión anterior se tomó, entre otros factores, teniendo presente la previa evaluación del programa de gobierno del candidato en mención; tal programa refleja la voluntad de apoyar, dentro de los lineamientos constitucionales, el desarrollo integral de Dosquebradas y su comunidad, ofreciendo la ejecución de proyectos en áreas tales como la salud, la educación, los servicio públicos, la infraestructura física, el deporte, la recreación, la cultura y el medio ambiente, donde claramente se permite la participación de la comunidad, tanto del proceso de planeación como en la ejecución de su programa. Igualmente se hizo consideración de la hoja de servicios que el virtual alcalde –Dr. Castellanos–, en bien del Departamento de Risaralda, de esta corporación y de Dosquebradas en especial.

Por todo ello, invita a todos los sectores de la población para que, en su participación en esta novedosa propuesta de desarrollo, sea fundamental para la resolución progresiva de los problemas de esta ciudadela industrial y cultural.

Con la fe puesta en la seriedad e inmensa capacidad de liderazgo que caracterizan al Dr. Víctor Armando Castellanos, Dosquebradas y sus gentes construiremos el camino hacia el máximo bienestar social, reflejado en la calidad de vida y en una técnica profesional y eficiente administración pública.

Dada en Dosquebradas (R/da.) a los (2) días del mes de marzo de 1992.

LO SOCIAL DE LA ECONOMÍA CAPITALISTA

Para algunos especialistas, a nivel mundial, la historia de la humanidad se ha detenido; tal afirmación tiene sustento en hechos recientemente ratificados, como el fracaso del sistema socialista. En principio, la afirmación es descabellada pero ¿será que no hay un estadio superior de la humanidad? –como la plantearía Carlos Marx–, ¿Será que no hay salida al laberinto económico por causa de las imperfecciones del capitalismo?

Otros científicos sociales, en contraposición, plantean que para que se detenga la historia debería darse un holocausto, en el cual desaparezca todo indicio del Hombre; añaden, además, que por el contrario la humanidad seguirá su camino a través del tiempo, así no se produzcan cambios radicales en cuanto al modo de producción se refiere.

A la luz del método del materialismo histórico, –el mayor y, tal vez, único aporte válido del marxismo–, después de haber existido modos de producción como el primitivo, el esclavista, el feudalista, el pre capitalismo, el capitalismo en todas sus fases, –industrial, financiero, de estado, colonialismo e imperialismo– y parcialmente el fracasado socialismo para el mundo, entonces teóricamente no hay otra posibilidad.

Si partimos de la base de que la última etapa de la historia humana, el capitalismo, queda solo –y sin realizar un análisis con todo el rigor científico–, de cuestionarnos de nuevo, si las imperfecciones de la economía de mercado serán un lastre eterno para el hombre. Inconvenientes como la tendencia del crecimiento económico, las hambrunas, la inequitativa distribución de la riqueza en el mundo, el deterioro o mejor, la dificultad, cada vez mayor, para que los países subdesarrollados descubran el camino del desarrollo económico.

Entonces ello se dirige a los dirigentes políticos, económicos, religiosos. El estado mínimo querrá preocuparse y tomar las acciones para lograr el bienestar general de toda la población mundial, dentro del marco de la competencia de mercado.

Esta etapa ulterior del capitalismo puede denominarse entonces CAPITALISMO SOCIAL donde, como su nombre lo indica, es un sistema de producción en el cual el objetivo fundamental es el logro de un mejoramiento continuo de los indicadores de Bienestar Social.

HABLANDO DE INFLACIÓN...[2]

Dentro de la teoría económica existe un capítulo, bastante extenso por cierto, que trata sobre la inflación, donde se habla acerca de sus causas y sus efectos. Este fenómeno, cuya definición aparece en cualquier diccionario, consiste en una elevación "sostenida" del nivel general de precios.

Desde luego, para muy pocos, es desconocido que la inflación es producida por innumerables factores y prácticamente todos hemos conocido sus efectos negativos dentro de nuestros presupuestos; a pesar de esto, no se ha desarrollado una seria investigación, al menos aquí en Colombia, sobre aquella proporción de la inflación producida por la ineficiencia administrativa de nuestras empresas, grandes o pequeñas, públicas o privadas, lo cual contradice el deseo de salir bien librados dentro de éste proceso de liberación económica.

En un país como el nuestro, donde el Estado participa en forma bastante significativa en el Producto Interno Bruto, aunque no tanto como en países plenamente desarrollados, con una ocupación de cerca de la tercera parte de la fuerza laboral, son las acciones de ese Estado las que afectan fuertemente el torrente económico y, por ello, mal se haría en no reconocer su "tajada" en el problema de la inflación. Un Estado ineficiente, no necesariamente por culpa del aparentemente excesivo número de empleados –burocracia–, sino por razones como la de no poseer efectivos sistemas de planeación, por no saber cuál o cuáles son los objetivos de las instituciones y empresas gubernamentales –bien sea del orden municipal, departamental o nacional– y por carecer hasta de la más elemental estructura contable o financiera y, mucho menos, de un sistema de costeo adecuado.

La inmoralidad no solamente son sobornos, enriquecimiento ilícito o los peculados, también es la mala administración de los recursos públicos, es el desperdicio de los

---

[2] Publicado en el Diario La Tarde de Risaralda. Septiembre de 1992.

elementos, utilizar trámites engorrosos, etc. Aquí los funcionarios públicos también les cae el "guante" y deberían pensar que el problema de inflación también es con ellos.

APUNTES SOBRE PLANEACIÓN: ALGUNOS CONCEPTOS BÁSICOS

¿Dentro del proceso de planeación deben definirse algunas preguntas como el qué?, el cómo? y el ¿con qué?, pero enfocado en términos de las herramientas técnicas que son necesarias para llevarla a cabo.

¿El QUÉ?: habla de la forma en que se direccionan los conceptos de las herramientas y para qué sirven o cómo se aplican en cada caso. Se especifican los aspectos formales y se establece una planeación inicial.

¿El CÓMO?: es la guía; lo que indica hasta dónde tenemos que llegar; se tiene entonces que definir conceptos como: objetivos, metas, misión, planes, programas, proyectos, planes tácticos, planes estratégicos, presupuestos.

¿Nos dice de qué manera se realizará el qué?: políticas, procedimientos, reglas, estrategias, premisas, métodos, pasos, etapas, trámites, flujos (de información, de efectivo, de materias primas, de personas, etc.). Operaciones, procesos, fases.

CON QUÉ?: determina la herramientas, mediante las cuales se realizará el continuo control del proceso de planeación: presupuestos, estándares (de producción, de mercadeo, de costos, de aplicación de mano de obra, de tiempo, etc.), costeo (variable, por absorción, directo), tiempos y movimientos, análisis de simulación (investigación de operaciones, cronogramas de ejecución, tasas de rentabilidad (financiera, interna de retorno, mínima de rendimiento), modelos (econométricos, estadísticos), relaciones costo beneficio, índices económicos (nivel de empleo generado, valor agregado, participación en el producto interno bruto, niveles de precios, economías de escala, economías externas e internas, satisfacción de necesidades, ahorro, niveles de inversión, etc.).

Se establece de esta manera, una gran diferencia entre la planeación como una etapa del proceso administrativo y la planeación como una función de la empresa. La primera se refiere a las acciones que previamente se plantean en la gestión, mientras que la segunda tiene que ver con aquella actividad que desarrolla una empresa, con miras a permanecer, crecer o diversificarse en el mercado, teniendo en cuenta las oportunidades que este rinda; por otro lado, la planeación como función de la empresa requiere entonces de una unidad administrativa específica, llámese oficina, departamento, sección, de acuerdo al tamaño y naturaleza de la organización.

¿GENERAR DESEMPLEO O PRODUCTIVIDAD?

Se ha vuelto a acentuar la discusión sobre el tamaño del Estado colombiano. El nuevo gobierno plantea un "adelgazamiento" para lograr que las finanzas públicas no colapsen.

En principio suena muy interesante, por demás justificado, si se mira a la luz el comportamiento de la economía en los últimos ocho años. Pero nada más alejado de la realidad, respecto de sustentar que el Estado colombiano es grande. Cuando apenas llega a significar cerca del 20% del Producto Interno Bruto y cuando a nivel internacional, en países con similares condiciones, llega al 30%, por no mencionar el tamaño del Estado en las naciones más desarrolladas, en donde puede significar hasta el 40% y 45%.

Hablar de recorte del Estado es lo más fácil y seguramente lo más populista en esta época. Despedir gente del sector público es el camino más fácil, máxime cuando no se realizan los análisis de fondo que se requieren.

El Estado en Colombia no es grande, es ineficiente. Esto es diferente. Y, por tanto, el remedio no debe ser el que se está planteando como un "simple adelgazamiento". En el fondo lo que debe lograrse es que el sector publico aporte mayor valor agregado a la economía. Es por ejemplo, hacer que con el mismo número de funcionarios la economía sea más dinámica o lograr que con la acción de Estado se logren mayores economías externas para el sector privado y para la sociedad en general.

Se requiere entonces que quienes dirigen las entidades del Estado, administren con criterios técnicos, que se imponga una gestión por resultados, que se logre entender cuál es la misión del Estado. Por ello se debe hacer que la inversión pública sea realmente eso, inversión, es decir, que realmente sea el incremento de los bienes de capital de la economía, y no solo otra fuente de financiamiento de los gastos de funcionamiento de las entidades, por donde se escapa gran parte de la nómina paralela.

Por eso, la respuesta a la pregunta de ¿si se produce más desempleo o se logra obtener mayor productividad?, es la que debe implementarse en la administración pública. En términos generales, en el estado colombiano aún faltan gerentes para poder aclarar esta inquietud.

PELIGROS DE LA DEVALUACIÓN

En los últimos quince o veinte años, en nuestro país, se ha venido utilizando la tasa de cambio como uno de los principales instrumentos para estimular las exportaciones. Esto apoyado sobre la base teórica del crecimiento hacia afuera. Lo cual debemos compartir en gran medida.

Pero, en nuestro caso valdría la pena evaluar y sopesar algunos peligros de esta política.

En un primer aspecto, el impacto que se tiene sobre la deuda pública externa. En este sentido y mientras por concepto de exportaciones el beneficio obtenido por una mayor tasa de devaluación es sobre U$12.000 millones, el perjuicio social es sobre US$34.000 millones. Esto es, el país debe asumir un mayor costo social por concepto de la devaluación, debido a su impacto sobre la deuda pública, que el beneficio que recibe el sector privado por una política devaluacionista, como la utilizada en el año 2002, cuando se obtuvo una tasa de cerca del 25%. No necesariamente se requiere un modelo econométrico sofisticado para entender esto, un poco de aritmética puede ayudar.

Desde otro ángulo, valdría la pena revisar con profundidad hasta qué punto una tasa de devaluación relativamente alta puede perjudicar al mismo sector exportador, en el sentido de arrojar equivocadas señales de eficiencia y productividad sobre sus balances, obtenidas solo por efectos cambiarios y no por un real mejoramiento en sus procesos de producción. Esto nos hace recordar un poco del perjuicio causado al sector productivo por proteccionismo de las décadas de los años 60 y 70. La competitividad a nivel internacional se logra principalmente con mayores niveles de productividad y de calidad reales. Bueno, aquí los señores de ANALDEX me deben disculpar.

A la luz de lo consagrado en nuestra Constitución Política, ¿no se estaría violando el principio de que "prima el interés general sobre el particular"?. Difícil de responder.

Pregunta final para las autoridades económicas: ¿Vale la pena que, en nuestro caso, con una deuda pública externa, cercana al 50% del PIB, mantengamos tasas de devaluación reales superiores al 5%?

RECOMENDACIONES DE ECONOMÍA DOMÉSTICA

1. Siempre haga un presupuesto y vigile que se cumpla permanentemente:
   a. Ingresos.
   b. Gastos.
2. No gaste más de lo que gana. Siempre debe dejar un margen para ahorrar con un propósito.
3. Estudie, capacítese. Las personas que tienen más conocimientos y los aplican en algo productivo, aparte de sentirse mejor, son mejor remuneradas.
4. Siempre es bueno comprar las cosas de la casa al por mayor. Cuando salga al supermercado hágalo con lista en mano. Esto le evitará hacer compras "compulsivas".
5. Compre siempre lo que necesite, no más. A veces compramos cosas simplemente porque son baratas o están en oferta, debe hacerse de manera racional.
6. No use tarjetas de crédito. Endeudarse no es bueno. A menos que lo haga para aplicar los recursos en un proyecto rentable.
7. Es mejor comprar las cosas en efectivo y no por cuotas o por tarjetas de crédito.
8. En la casa vigile que el consumo y el costo de los servicios públicos sea el adecuado. Asígnele responsabilidades a sus hijos para cuidar el consumo de energía eléctrica, gas, teléfono, agua.
9. Los hijos pueden ayudar a ahorrar en la casa. Por ejemplo, no dañando las cosas: cuidando la ropa, los juguetes, los muebles, los utensilios de cocina.
10. Aproveche los descuentos/ofertas que ofrecen los almacenes.
11. No crea que lo económico es lo más barato. Casi siempre lo más barato sale caro.
12. Sea consciente de sus ingresos. Acomode su vida a ello. Pero no se resigne, con esfuerzo metódico puede mejorar su situación.

13. Propóngase metas de ahorro por periodos mensuales.

14. Vigile el consumo. Casi siempre gastamos en cosas innecesarias.

15. Cuando compre lo de las "onces" o "merienda" para los niños en el colegio, procure comprar al por mayor.

16. Siempre tenga un remanente de efectivo para atender imprevistos.

17. No se endeude con las llamadas cadenas. Ese es el crédito más costoso.

18. Ayúdele a sus hijos a descubrir sus talentos y enséñeles a aprovecharlos de manera positiva.

19. Saque tiempo para descansar.

PROYECTOS

32

Esta parte de los documentos titulada Proyectos, no es más que una manera diferente del autor de mostrar cómo se elaboran propuestas metodológicas sobre algunos temas particulares, pero todo ello direccionado al tema de la economía.

En este apartado se encuentra además el esbozo de un proyecto enfocado a las políticas de administración del personal y al modelo para realizar o plantear una conferencia en cualquier tema que se proponga y que, en últimas, no solo tiene proyección en esta área sino en cualquiera porque la pauta de cada uno de estos documentos así lo evidencia.

¿CÓMO PREPARAR PROYECTOS?

Para obtener los mejores resultados en cada una de las diferentes actividades humanas, es necesario realizar con anticipación una adecuada planeación, sin que ello obligue a seguir un programa o un proyecto en forma invariable e inflexible. Cada vez aumenta la conciencia del mejor aprovechamiento de los recursos (humanos, financieros, de capital, técnico, naturales, administrativos, legales) de que se dispone al emprender un proyecto, para alcanzar un objetivo concreto.

Sobra decir que existen varias clases de proyectos, los cuales dependen de la naturaleza y origen de los recursos, del sector productivo o económico en el cual se desarrollen, así como del hecho de tener en cuentan si van a ser ejecutados dentro de planes contemplados por el sector público o sector privado. De todas formas, se han logrado establecer algunos criterios, que sirven de referencia para la FORMULACIÓN Y EVALUACIÓN DE PROYECTOS.

A continuación, y teniendo marco general los anteriores planteamientos, se esbozará una metodología, aproximada, para ser aplicada en los proyectos de carácter social, es decir aquellos que persiguen, más que un alto nivel de rentabilidad financiera, permitan maximizar la rentabilidad económica y social.

1. JUSTIFICACIÓN.

Consiste en una etapa, posterior a la realización de un buen diagnóstico, el cual no solo arroja unos datos relacionados con el estado actual de los fenómenos, causas y consecuencias, de la circunstancia e mejorar. Partiendo de esta presentación actual, se continua un proceso el cual, es oportuno decirlo, requiere de la participación de la comunidad, limitada solo por el posible cubrimiento poblacional sobre el cual el proyecto ejercerá su acción y permitirá a la comunidad (o grupo social) identificar cual necesidad se va a satisfacer prioritariamente; esto en razón a que se hace necesario que la comunidad está comprometida firmemente con la ejecución del proyecto.

Dentro de la justificación se concretan los criterios sociales, económicos, legales y otros que considere necesario el programador y evaluador del proyecto, incidan categóricamente en la realización el mismo.

Debe realizarse entonces, bajo condiciones estrictas de objetividad, que esto implica ser una necesidad sentida por parte de la comunidad. Sobre esto último hay que insistir, pues esto es una de las diferencias más grandes entre los proyectos del sector privado y, en último, determina el éxito o fracaso de su ejecución.

Para el caso en el cual se plantee la urgencia de montar una cooperativa en el sector industrial, comercial o agrícola; una microempresa de propiedad individual o colectiva; una empresa comunitaria, etc., se aconseja seguir el procedimiento que a continuación se explica:

2. ESTUDIO DE MERCADO

Consiste en verificar, desde el punto de vista comercial, si el proyecto es viable. Se hace partiendo de una información que tienen que ver con:

- ✓ Población potencial, a la cual se dirigirá nuestro producto o servicio.
- ✓ Identificación de la competencia, tanto productores como comercializadores.
- ✓ Precios, descuentos, propios del mercado.
- ✓ Canales de distribución; promociones y publicidad necesarias.
- ✓ Determinar qué cantidad de producto o servicio se llevará al mercado: a qué precio.

3. ESTUDIO DE DISPONIBILIDAD DE MATERIAS PRIMAS

Realizar un análisis de si en el área en el cual se ubicará geográficamente, existen los insumos (materias primas) que requiere el proyecto. Por ejemplo, si la cantidad de mano de obra, así como su capacitación, es la mejor; si existen buenos servicios públicos; y si los materiales se encuentran disponibles, así como su precio.

4. ESTUDIO TÉCNICO

4.1 TAMAÑO DEL PROYECTO.
- ✓ Cómo se hacen las cosas
- ✓ ¿Con qué las hace? Requisitos técnicos
- ✓ Qué resulta: Rendimientos técnicos

Responder a:

- ✓ Cuánta mano de obra se requiere
- ✓ Cuánta y qué materia prima se utilizará
- ✓ Cuanto se producirá. Tamaño del mercado a satisfacer
- ✓ Qué cantidad de maquinaria, herramienta y otros activos se requiere
- ✓ Tamaño del local

4.2 LOCALIZACIÓN DEL PROYECTO

En qué zona, región, barrio o vereda se establecerá la empresa.
Para esto se tiene en cuenta:
- ✓ Disponibilidad de servicios
- ✓ Transporte, tanto de la materia prima como del producto terminado
- ✓ Seguridad
- ✓ Si está cerca o lejos de los compradores
- ✓ Costo del arrendamiento o de la construcción del local

4.3 INGENIERIA DEL PROYECTO
- ✓ Identificación del producto; tamaño, empaque, peso, etc.
- ✓ Proceso productivo (o de transformación)

✓ Distribución en planta

✓ Cálculo de tasas de aplicación de insumos: Materia prima; horas mano de obra-hombre; costo fijo unitario: costo variable.

5. ESTUDIO ECONÓMICO Y FINANCIERO

Para analizar la factibilidad económica es necesario revisar los costos de oportunidad; además se debe, entonces cuantificar en términos de pesos, cuanto se invertirá. Se partirá de la siguiente información:

✓ Inversiones fijas: Maquinaria; equipo; edificios, etc.

✓ Capital de trabajo: Materias primas; efectivo; inversiones de corto plazo

✓ Presupuesto de Ingresos y de Costos

✓ Análisis de flujo de fondos, es decir, proyectar el comportamiento de las necesidades de efectivo y de las posibles fuentes de generación, en términos de unidades de tiempo (semana, mes, año)

✓ Financiamiento del proyecto: este nos permite, hacer el cálculo de mediante qué mecanismos se financiará el proyecto; en otras palabras, cuánto se utilizará de recursos propios (aportes, cuotas de los socios, etc.), y de recursos del crédito, al iniciar el proyecto. Se observa la oportunidad de tener una información, lo más real posible, como precios de la materia prima, de la maquinaria, de la mano de obra; además del comportamiento del mercado del producto, objeto del proyecto

✓ Elaboración de los Estados Proforma: balance general; estado de pérdidas y ganancias, balance de usos y aplicación de fondos

✓ A partir de los Estados Proyectados, se realizará el análisis financiero, calculando los índices de: liquidez, rotación de inventarios, rentabilidad, etc.

6. ESTUDIO LEGAL Y ORGANIZACIÓN

6.1 ESTUDIO LEGAL:

Consiste en revisar toda la normatividad que tenga que ver con el proyecto: desde el punto de vista comercial, laboral, tributario, civil, y otros asuntos que afecten directa o indirectamente a este y aprovechar las posibles oportunidades que las leyes brinden.

6.2 ESTUDIO ORGANIZACIONAL:

Toda unidad productora de bienes o servicios requiere de una estructura organizadora, la cual debe mostrar en forma precisa los cuadros organizacionales, los procesos administrativos, los estatutos, el reglamento interno y, finalmente, los manuales de funciones y de procedimientos. Es importante establecer desde un principio que tipo de sociedad se conformará (anónima, limitada, de hecho, una cooperativa), esto permitirá definir con mayor exactitud el proceso administrativo (planeación, organización, coordinación, dirección y control).

Al realizar el Estudio Organizacional se partirá de la identificación de las funciones de toda empresa: administrativas, contables y financieras, productivas, de mercadeo, de servicios generales, y otras que dependan, en gran medida, del tamaño y tipo de sector en el cual se desenvuelve el proyecto.

7. FIJAR PARÁMETROS DE CONTROL Y EVALUACIÓN

Como toda actividad, se requiere realizar un continuo proceso de control y evaluación. Esto es, establecer parámetros y mecanismos precisos para verificar tanto el proceso de formulación y ejecución del proyecto; algunas de esas herramientas son:

- ✓ Cronograma de actividades
- ✓ Presupuestos, de gastos y de ingresos
- ✓ Estándares de costos y de producción
- ✓ Cronograma de inversiones
- ✓ Índices financieros

Cuando se trata de proyectos de una clara intención social, se tendrá en cuenta su impacto, referido en términos de disminución de precios al consumidor, generación de economías internas y externas, generación de empleo, calidad y nivel de satisfacción de necesidades comunitarias y mejoramiento en el nivel de ingresos familiares de las personas que participan en él.

RESUMEN SOBRE POLÍTICAS ADMINISTRACIÓN DE PERSONAL:

A. REFLEXIONES PARA UNAS POLITICAS MODERNAS DE ADMON. DE PERSONAL EN EL SECTOR PÚBLICO.

B. INTERVECIÓN DEL JEFE DEL DASC., EN REUNIÓN DE SECRETARIOS GENERALES.

a) Principios orientadores

1. El principio de eficiencia (oportuno).
2. Principio de honestidad (de la diafanidad y de responsabilidad)

- Se excusa en la intangibilidad (servicios) del producto, hace incontrolable la actividad estatal.
- Hacer énfasis en el cumplimiento del contrato laboral.
- Falta de compromiso, por parte de algunos jefes.

UNA CONCIENCIA DE REALIDAD

- El gerente de recursos humanos, debe participar en un proceso de cambio.
- Debe existir previsión en las diferentes acciones relacionadas con el manejo de personal.
- Por lo anterior, debe entonces existir la planeación, la que incluya un buen ejercicio de control.
- Algunas conclusiones a cerca de los empleados públicos en la ciudad de Bogotá:
  - ✓ La motivación existe en cuanto a la supervivencia y estabilidad laboral.
  - ✓ No existe sentido de compromiso.
  - ✓ Exagerada confianza en el respaldo político (y no en métodos objetivos de selección).

- ✓ No hay interés por la capacitación: el aprendizaje se hace por el método ensayo-error. Hay una visión insular del empleo.
- ✓ Nocivo reconocimiento formulista de la autoridad.
- ✓ No hay concientización de la problemática social.
- ✓ Los sentimientos de sinceridad, dentro del compañerismo, son nulos.
- ✓ Desconocimiento de los objetivos institucionales.

  Precariedad en las asignaciones salariales; con la gravedad del deterioro progresivo al ascender en la escala jerárquica de empleos.
- ✓ Rutinización de las actividades, que lleva a:
  - ✓ Baja productividad
  - ✓ Somatización
- ✓ No se aprovecha las posibilidades que brinda el personal técnico y profesional, debido a la estructura jerárquica tan rígida.
- ✓ Propuesta: Que el empleado sea un colaborador, cuya voz sea escuchada por su jefe.

ADMINISTRACIÓN MODERNA DE PERSONAL:

La administración de personal debe ser un sistema basado solamente en el mérito.

- • Fallas en la carrera administrativa.

EL SISTEMA DE CARRERA ADMINISTRATIVA DEBE TENER DOS CARACTERÍSTICAS:

- a- De difícil acceso (basado en parámetros objetivos.)
- b- Fácil salida: continua evaluación. Establecer índices de calidad y productividad, para decidir si se prescindir de del personal ineficiente.

- ✓ Posibilidad de obtener calificación por parte del usuario del servicio.
- ✓ La capacitación debe ocupar un puesto prioritario en un sistema moderno de administración de personal.
- ✓ Deben brindarse oportunidades de capacitación (perfeccionamiento).
  Jóvenes y a los más antiguos.
- ✓ Perfeccionamiento del personal directivo.
- ✓ Perfeccionamiento y actualización de los profesionales.
- ✓ La capacitación debe insistir en: metodología, contenido y oportunidad.

BIENESTAR SOCIAL:

Concepción integral del hombre, sin paternalismos.

- Establecer relaciones laborales positivas.
- Servicios sociales subsidiados.
- El administrador del recurso humano debe ser un impulsor de la motivación.
- Ligar los logros institucionales con los personales.
- Motivar:
  - ✓ Salarios ordenados.
  - ✓ Incentivos por desempeño.
  - ✓ Líneas de promoción y desarrollo personal.

ALGUNOS PARÁMETROS DADOS POR EL GOBIERNO NACIONAL:

- Criterios de eficiencia: medir los resultados institucionales, dentro de los objetivos del Estado.
- Honestidad: diafanidad y pulcritud.
- Austeridad en el gasto: debido a las actuales circunstancias del Estado.
- Falta de fortaleza de los directivos para cambiar burócratas que se encubren detrás de la carrera administrativa para asegurar su puesto.

- Una clara contradicción entre las calificaciones dadas por los Jefes a los subalternos, contra la opinión externa.
- Se planea la revisión del actual sistema de calificación.
- En cuanto al Bienestar social:
  - ✓ No debe ser discrecional o eventual.
  - ✓ O estar sujeto a condiciones coyunturales, financieras en las entidades.
  - ✓ Debe promoverse el Balance Social.

POLÍTICAS DEL GOBIERNO:

Evaluación del desempeño.

- Racionalizar el gasto por servicios personales.
- Generar ahorros, para invertirlos en tecnología.
- Parámetros de negociación con los sindicatos.
- Seguridad social para funcionarios públicos.
- Elaborar conceptualmente: plantas globales y cuerpos profesionales, en razón a la dificultad de movilidad del recurso humano.
- Especial cuidado con el manejo de los nombramientos provisionales y por encargo.
- Optimización en el uso de recurso humano.
  1. Congelar el valor por servicios personales (con estímulos institucionales).
  2. Establecer campos profesionales.
  3. Revisar la carrera administrativa a la luz de la ley 60/91.
  4. Pactación colectiva. Determinación de políticas de capacitación.
  5. Implantar un nuevo método de calificación, elaborado por el DASC.
  6. Explotar la facultad legal de inspección y control para: los procesos de concursos y nombramientos, según el Decreto Ley No. 147/76.
  7. Integrar el Consejo Superior del Servicio Civil.

CONFERENCIA CLUB JUVENIL DOSQUEBRADAS

Hoy se cumple:

- Saludos.
- Manifestación de agradecimientos.
- Resaltar el objetivo del Club Juvenil Casa de la Cultura:
  - Liderazgo
  - Trabajo cívico social
    - Recreación
    - Art. culturales
  - De apoyo a la Casa
    de la Cultura
  - Aporte a la formación de un hombre integral.
- Invitar a las instituciones que nos sigan colaborando.
- Animar a los jóvenes de Risaralda. para que se vinculen al Club.
- Motivar a los actuales socios del Club a seguir adelante.

El ser humano siempre ha tenido como inquietud espiritual superarse continuamente. Esto implica que las ideas de perfección lleguen a ser fundamentales para el desarrollo de las cualidades racionales del mismo.

Siempre se han buscado mecanismos de capacitación individual y colectiva; para potencializar al máximo las capacidades intelectuales del hombre.

El Club Juvenil se ha creado bajo esto de forma precisa y para el cumplimiento de este precepto procura la capacitación en temas, tan fundamentales como en el liderazgo. Para tal efecto los socios del Club

VALORES

Esta parte de los documentos sobre Valores, se relaciona directamente con la manera en que muchos de estos elementos de apreciación y de formación del ser humano se han perdido a lo largo de la historia y de la formación de las sociedades modernas.

En este sentido, algunos de los documentos se relacionan directamente por el rescate de estos y de la cultura en general como puntos de partida de la formación del sujeto y de la ética, la cual se ha perdido en algunos casos como ocurre a nivel de la economía y de las actuaciones en esta área.

LA MORALIDAD DEL SECTOR PRIVADO

En nuestro país recientemente se ha estado hablando de la moral del funcionario público, a raíz de una serie de situaciones que han perjudicado el país, tales como peculados, imprevisiones, extralimitaciones de funciones hasta incluso fugas de presos, con cierta culpa del gobierno. Hasta donde todas esas acusaciones son ciertas y obedecen a una clara existencia de una cultura de inmoralidad en el estado.

Cuando se denuncian los diferentes tipos de delitos en los cuales se involucran funcionarios públicos, no se hace relación o, si se menciona, no se resalta como aquella, a las desavenencias causadas por individuos o empresas del sector privado; no se habla de donde nace el soborno, el "lobby", la evasión de impuestos, de la mala calidad de los productos, de los precios altos, de la competencia desleal. Allí es como se ve un poco como la balanza está inclinada, con injusta razón, sobre quienes aparentemente son los responsables del desarrollo de este país.

Cuando se habla de los desfalcos o peculados, de los funcionarios públicos, estos se divulgan profusamente, como desde luego debe ser, no se habla o se publican los causados por funcionarios del sector privado, al parecer porque se piensa erradamente, que tales hechos no son de interés público. Allí es donde se entra a cuestionar la moralidad de la empresa privada, desatendiendo el principio constitucional en el cual se expresa la función social de la propiedad.

A caso el gobierno es responsable del desarrollo y bienestar general; se olvida entonces la obligación que a este respecto se refiere, de la empresa y en general del sector mal llamado privado, puesto que dentro de la concepción actual del capitalismo la propiedad deja de ser privada cuando necesariamente debe desempeñar una función social.

Sobra entonces pedir a aquellos que en la empresa estatal o no, se apliquen los más justos y eficientes sistemas de administración, pensando en para todos y cada uno existe la responsabilidad de sacar adelante a Colombia.

LIDERAZGO Y JUVENTUD[3]

Desde hace poco tiempo se ha venido hablando, con insistencia y regularidad, sobre un renaciente liderazgo de la Juventud, el cual consiste en un relevo en términos generacionales en campos como la política, la economía, la religión, etc., lo cual es una ola de grandes proporciones y, sin duda, es un factor más de rápido cambio -por cierto, que se torna como estímulo en la vida del hombre-. Es un cambio sin una previa concepción moral, es simplemente eso un cambio.

Las actividades humanas cada vez son más especializadas y exigentes; es necesario ser mucho más práctico, preciso y ágil en los procesos de toma de decisiones e incluso mantener una mente abierta dispuesta a aceptar y evaluar los retos más insospechados para proseguir con nuestro rol social.

El hombre por naturaleza es un animal político- decía Platón-, a ello se le puede agregar que, individual y colectivamente, requiere de líderes; líderes para cada una de sus expresiones -para el hombre político, para el hombre comunitario, para el hombre económico, para el religioso, para el culto, para el hombre erótico, etc.-, incluso, por qué no decirlo, busca afanosamente identificarse con líderes que lo conduzcan por senderos negativos. Tal es la necesidad de liderazgo que cuando carecemos de líderes reales, nos dejamos vender la idea de los líderes de cartón, promovidos por los grandes medios de comunicación, causando una confusión de valores.

Dados los inmensos progresos tecnológicos, no es de extrañar las altas condiciones psicológicas, intelectuales, altruistas y hasta físicas que deben poseer quienes están llamados a ocupar puestos de liderazgo; existen líderes que no son conscientes o no alcanzan a comprender la dimensión de su papel, dejando de aportar un beneficio social, político o moral a sus seguidores. El liderazgo es un proceso de mutua conciencia -tanto el líder como el seguidor determinarán el grado de compromiso al cual están sometidos -y no podrá dejarse al azar.

---

[3] Publicado en el Diario La Tarde de Risaralda. Mayo 17 de 1991.

Un líder tendrá que prepararse en diferentes áreas, dependiendo entre otras cosas de su campo especifico y radio de acción pero, ante todo, poseer una gran calidad humana, de tal forma que su liderazgo no ofenda o hiera a sus congéneres; es necesario que detecte sus capacidades naturales y posea un fuerte espíritu de superación; igualmente, será poseedor de una innata capacidad para entender su papel histórico como de las leyes naturales y sociales que regulan su liderazgo.

Los líderes son aquellos capaces de lograr un cambio racional de opinión, de actitudes, de formas de vivir, incluso de concebir y dar oportunidad de conseguir nuevos horizontes y sensaciones a sus seguidores. Es obvio que, dentro de todo seguidor existe una infinidad de expectativas e intereses, los cuales le sirven de parámetros para evaluar a un líder y decidir si lo mantiene o no en su pedestal.

La tarea de los líderes puede sublimarse en hacer perennes -por lo menos durante una época-, sus enseñanzas, sus principios, su metodología y sus actitudes. Puede entreverse el imperante requerimiento de un espíritu joven, no en términos de edad sino de disposición y vigor mental, la madurez no solo se presume por la edad, o el vigor no es sinónimo de poca edad. La lucidez y la responsabilidad mental deben permitir que la acción del líder permita tomar decisiones y acciones trascendentales, siempre guiados por objetivos concretos y de exigente compromiso. Un buen líder no aliena a sus seguidores, es facilitador, que le permite un punto de referencia para definir hacia donde se dirige.

Para el caso colombiano, no es raro escuchar referencias a cerca del vacío de personas que, por su carisma e idoneidad, nos guíen por los diferentes caminos que como nación debemos recorrer; tal vez nunca antes tal vacío se tornó en una necesidad vital, ¿será el gobierno, o el presidente de la Republica, o los políticos o los religiosos, los que llenen este vacío? De todas formas, un buen líder para Colombia será un joven, en términos de lo que aquí se ha dicho.

JUVENTUD Y LIDERAZGO

Hace un año aproximadamente se empezó a sentir con mayor fuerza en el mundo un vuelco hacia la juventud, el cual consiste en un relevo, en términos generacionales, en el campo de los dirigentes políticos, sociales, económicos, etc., todo este cambio provocó una ola de grandes dimensiones y, sin duda, es un factor para que el mundo realice un cambio.

Las actividades humanas cada vez son más especializadas y sofisticadas, por ello ser mucho más práctico en la toma de decisiones, en otras palabras, el ser humano debe estar cada vez más preparado –desde el punto de vista técnico y emocional– para responder a los continuos retos que se debe asumir y proseguir con su propio destino.

El hombre por naturaleza es un animal político –decía Platón– y a ello se le puede agregar que el hombre individual y colectivamente requiere de líderes, líderes para cada una de sus dimensiones –para el hombre político, para el hombre económico, para el hombre religioso y místico, hombre comunitario, erótico, para el hombre cultural, etc. –, incluso requiere, por qué no decirlo afanosamente de líderes que lo lleven por camino del "mal".

Los líderes son aquellos capaces de lograr un cambio de opinión, de actitudes, de formas de vivir, incluso de crear y promover nuevos horizontes para sus seguidores; además, son capaces de sembrar nuevas sensaciones No necesariamente ese seguimiento es gratuito, siempre se espera algo, por insignificante que pueda ser, sea por una gratificación mediata o inmediata.

Así como existe una variada gama de líderes, también la hay en cuanto a seguidores; los hay aquellos que aceptan sin más las "propuestas" de su líder u otros que son capaces de evaluar y asimilar según su propia conveniencia, los preceptos del guía; y hay también, una categoría de seguidores que siempre ponen a prueba y cuestionan continuamente a su líder.

Dadas las condiciones de alto desarrollo tecnológico, no se pueden dudar sobre las exigencias físicas, psicológicas, intelectuales, para los que están llamados a ocupar puestos de liderazgo; existen líderes que no son conscientes de su posición y dejan de aportar un beneficio en términos sociales, morales, políticos, a sus seguidores. El liderazgo debe ser un proceso de mutua conciencia, el cual no tendrá susceptibilidad de dejarse al azar. Un líder debe prepararse en diferentes áreas dependiendo, entre otras cosas, de su radio de acción y del campo específico sobre el cual ejerce su influencia; por ello es necesario que detecte sus capacidades naturales y posea un sólido espíritu de superación y ejercicio; además el líder tendrá parámetros de autoevaluación y estar dispuesto, con suma humildad, para ser cuestionado por quienes están pendientes de él; el líder debe poder una innata capacidad para entender de su ciclo vital, natural por esencia, de sus condiciones y papel histórico.

La tarea de los líderes puede sublimarse en el hecho de hacer perennes sus enseñanzas, sus principios y sus actitudes; estos requieren de una alta consideración del ser humano, un espíritu joven –no en términos de edad, sino de disposición y vigor– inquieto y hasta temerario para tomar decisiones trascendentales y conducir comunidades hacia un horizonte cierto y de suma satisfacción individual o colectiva.

Aquí en Colombia nos quejamos de un vacío –¿de características existencialistas? – pues no sentimos quien o quienes nos guían con mano segura y nos motive continuamente para llegar a encontrar el camino de la justicia y la paz, ¿será el gobierno o el Presidente de la República, o los líderes políticos o espirituales quienes llenen ese vacío? De todas formas, un líder –un buen líder– siempre es un joven, en términos de lo que aquí se ha dicho.

LA EDUCACIÓN, MOTOR DE LA MODERNIZACIÓN DE LA ECONOMÍA[4]

Ahora que se habla de apertura y modernización de la economía, es necesario pensar en los elementos fundamentales que aportan al logro de tal objetivo. Si se parte de la premisa de que aquella que se moderniza para alcanzar un mayor bienestar es la comunidad, es el hombre –individualmente entendido–, es decir, el sujeto para el cual se procura dicho propósito; pero es también entendible el hecho de que el hombre, es el artífice de su propio bienestar, esto nos lleva a concluir que se debe preparar al individuo, como principal recurso de este proceso.

Para conducir al hombre hacia su desarrollo se requiere de la Educación acorde a tal exigencia. La educación es un proceso que debe estar contemplado dentro de dos dimensiones: La primera, es entenderla como un mecanismo que le permite al hombre ser agente activo dentro de una sociedad –hombre social–, es pues la que le permite la convivencia y está encaminada a "encajonar" su conducta, de acuerdo a un prototipo y la segunda le facilita la adquisición de una serie de conocimientos teórico-prácticos que lo insertan en el aparato productivo –hombre económico–, en otras palabras, que facilita el incremento de la productividad. Lo anterior sin hablar de la obligación en los aspectos morales y éticos, así como la de formar, a parte de un ser con identidad psicológica, –la de crear un espacio abierto y dinámico, que provea una identidad nacional–, que comprometan al individuo con su entorno histórico y geográfico.

Para el caso colombiano, se requiere plantear claras políticas y acciones que conduzcan hacia la obtención de un recurso humano, en términos individuales y colectivos, en cantidad y calidad apropiada, como para competir dentro de una economía de mercado abierto, tal y como se pretende. En Colombia, la Población Económicamente Activa, tiene, en promedio, algo más de siete años de escolaridad, cifra que está por debajo de algunos países vecinos (Argentina, Brasil, México);

---

[4] Publicado en el Diario La Tarde de Risaralda. Junio 17 de 1991.

esto nos permite ver sombríamente, que nuestro país está en desventaja respecto de la incidencia que la falta de preparación formal, significado de productividad per-cápita más bajo, lo cual se traduce en bajos niveles salariales, en términos reales.

Otro fenómeno que afecta el sistema educativo-productivo de nuestra nación es la desproporcionada abundancia de carreras profesionales, frente a la de formación de técnicos y tecnólogos requeridos para el normal desarrollo; para ellos no es necesario hacer un profundo estudio, basta ver la buena cantidad de amigos profesionales diferentes a los de su formación –sobre todo en el sector público e informal–, o mal remunerados.

Puede incluso cuestionarse la calidad de la educación, pero en este juicio de responsabilidades no solo es del Estado –que por cierto no dedica el más del seis por ciento de su presupuesto, juntando los servicios de educación e investigación–, es también del estamento estudiante, de los grados superiores, así como del sector privado, que parece ser que se preocupa, más por la aparente rentabilidad financiera que la educación pueda ofrecer.

De cualquier forma, no es un problema solo de aparato educativo, es un problema de la planeación del desarrollo que, poco o nada tiene en cuenta la estructuración de una buena fuerza laboral.

Bogotá D.C.

Esta parte retoma los temas generales de la función pública y la necesidad que existen de generar una conciencia clara de reformular algunos aspectos sobre la forma en que se concibe esta, así como el desarrollo de algunos temas relacionados con la cultura, la importancia de la carrera administrativa, la gerencia y por la manera en que se administran los recursos del Estado.

Cada uno de los documentos deja entrever las diversas opiniones del doctor Héctor Julio Garzón Vivas, quien lo hace de forma vivaz y abierta, pero siempre buscando la crítica y la opinión que cada uno de los lectores pueda formar al respecto.

REFLEXIONES PARA PENSAR SOBRE EL DÉFICIT SOCIAL

De todos es conocido el altísimo déficit social de nuestra economía, del cual no es fácil salir. Sobre este asunto se hacen algunas reflexiones, por cierto, muy elementales:

1. Una de las mayores causas de déficit fiscal es el altísimo nivel de contratación de personal, no contemplado en la misma planta. A estas contrataciones se les ha denominado de diversas formas: prestación de servicios, consultoría, asesoría, gastos de estudios de pre-inversión, entre otros. Al final, son las denominadas plantas o nóminas paralelas. Se ha calculado que estos "gastos" pueden llegar a significar prácticamente el doble del valor de la nómina estatal; en pesos pueden llegar a significar para 1999 casi $6 billones, que no se reflejan en los gastos de funcionamiento. Además, como lo afirman algunos críticos, a este respecto léase la columna de Juan Lozano en El Tiempo, septiembre 13/99: a falta de los "auxilios", este tipo de gastos se ha convertido en la mejor manera de pagar algunos favores políticos.

   ¿Cómo podría calificarse el que un Municipio colombiano o incluso un Departamento contrate externamente por que se le "asesore", por implementar un producto/servicio que hace otra entidad pública de carácter nacional?

2. Una de las razones del porqué el Gasto Publico, como componente de la demanda agregada es inflacionario, es porque no produce una contrapartida en el flujo real de la economía. Esto lo explica mejor la teoría monetaria. A título de ejemplo, se puede decir que la mayor parte del gasto en personal, no se ve acompañado de un incremento en el valor agregado, es decir, en producto real.

De esto se desprende una recomendación obvia: El gobierno nacional debería exigirles a los gerentes públicos (ministros, presidentes, gerentes, directores) dentro de su plan de acción, que cada funcionario o empleado de su entidad como mínimo produzca, en términos de valor agregado, el equivalente a su salario. Bueno, todos deberíamos comprometernos con este propósito.

3. La inversión es "el incremento en el stock de capital (K), durante un periodo determinado", definición que vemos en cualquiera de los cursos de introducción a la economía. ¿Qué tal si bajo esta definición se revisa lo que clasificamos como inversión en nuestro país?

En este aspecto se puede abrir un debate sobre si los gastos que incrementan el "capital humano", tales como educación y salud, son inversión, puesto que hasta hace veinte años más o menos, al hablar de capital solo se refería al capital físico.

4. Ante la actual situación de elevada devaluación, al menos la nominal, surge la preocupación por que cada vez hay una mayor participación del servicio de la deuda externa dentro del presupuesto nacional. Vale decir, al respecto, que un punto porcentual de devaluación significa aproximadamente $351 mil millones de pesos, fuera del impacto sobre los intereses. Por lo tanto, el endeudamiento externo no necesariamente puede ser la solución de largo plazo al problema del déficit fiscal. Se espera que el efecto multiplicador de las exportaciones compense con creces este sacrificio.
Claro, por ahí derecho va el debate sobre qué tipo de tasa de cambio se utiliza, si libre, fija o como la actual banda cambiaria.

5. Otro factor difícil de ponderar corresponde al costo que se asume por la falta de capacidad gerencial y de compromiso de quienes participan en las entidades públicas.

Entre estos están los famosos elefantes blancos, las caídas de puentes, los desperdicios en las publicaciones y en los suministros, los dineros consignados en entidades financieras poco sólidas, en fin, la lista continua. Por ello, para disminuir un poco el impacto de este factor se recomienda leer y aplicar el capítulo VII de la Ley 489/98.

6. Finalmente, no se puede dejar de hablar del peculado, la negligencia, el tráfico de influencias y otros delitos contra la administración pública.

To be continued…

HACIA NUEVAS FORMAS DE LA PRAXIS POLÍTICA

Con las recientes aprobaciones dentro de la Asamblea Nacional Constituyente, entre otros aspectos, prometen un gran cambio, corresponde a algunos elementos nuevos para las prácticas políticas de nuestro país; por ejemplo, elementos como la doble vuelta presidencial, la eliminación de los auxilios parlamentarios, la elección popular de gobernadores, el veto a los ministros por parte del Congreso de la Republica, las inhabilidades a los congresistas, la eliminación del artículo 121 de la Constitución de 1886. Todos estos aspectos harán necesario nuevas formas de hacer política.

El voto programático.

Seguramente los partidos políticos tendrán que reclutar líderes verdaderos, que luchen por una ideología clara y que, en cambio de prebendas, ofrezcan programas reales a su comunidad.

Seguramente tendrán a desaparecer algunas prácticas clientelistas y de nepotismo; tal vez no desaparezcan totalmente.

Algo que seguramente hará falta será la imposición del voto obligatorio para los ciudadanos, con ello sería imposible eliminar, a su mínima expresión, algunos procedimientos sobre los cuales hoy se nutren los aparatos clientelistas, administrados por directorios, los cuales dicen representar a tal o cual partido político.

La mayor participación popular dentro de las decisiones administrativas –figuras como el plebiscito, referéndum–, harán que la comunidad sea un fiscal activo de los que, de una u otra manera, manejan los recursos del Estado.

Obviamente no todo es bueno, en este momento existen dudas en cuanto a la elección popular de los gobernadores, respecto de la disminución del poder presidencial y, lo que es peor todavía, el peligro que representa para la unidad nacional; Colombia entrará a una etapa semi-federalizada, por la cual será difícil de mantener un equilibrio regional. No se niega que existe la posibilidad de lograr un mayor desarrollo de las regiones en cuanto a cómo los Departamentos, a través de sus instituciones político administrativas, podrán generar recursos propios para ejecutar programas de interés social.

PLANEACIÓN MUNICIPAL[5]

A propósito de la Asamblea Nacional Constituyente, se ha oído hablar a cerca de una mayor descentralización en el país, incluso se ha hablado de federalizar; parece ser que la idea de la descentralización está haciendo carrera, no desde ahora sino de hace muchos años, y se han creado una serie de mecanismos para llegar a ella.

Indudablemente las intenciones y las acciones que se están desarrollando llevan a concluir necesariamente que la descentralización es un hecho, por lo tanto, el municipio colombiano debe prepararse técnicamente para afrontarla. Ello significa la revisión de una serie de Instituciones y dependencias de la administración local así, inicialmente, se debe poseer una administración eficiente y estar bien preparado en el recurso humano pues, sin lugar a dudas, es el más importante de los recursos con que cuenta cualquier organización. Con seguridad se creará un traumatismo de incalculables consecuencias, por experiencia se sabe que todo cambio conlleva contratiempos, debe entonces, desde ahora, realizarse los pertinentes análisis para hacer que ese traumatismo no genere hechos negativos.

Por lo anterior, cabe resaltar el trabajo de las Oficinas de Planeación municipales, pues serán las que prevean, por ejemplo, las variaciones en los recursos financieros, las nuevas responsabilidades, el "nuevo orden", político, administrativo, fiscal, económico, social, tecnológico y por qué no decirlo cultural.

De acuerdo a la envergadura e importancia de esta transformación, las oficinas que, sin lugar a dudas sufrirán unas profundas modificaciones, son las de planeación. No se requiere ser experto para darse cuenta de cómo estas dependencias carecen de importancia, pues se dedican dizque a la "planeación urbana", pero parece ser que las normas son cortas en el alcance que puedan tener; éstas se encargan de

---

[5] Publicado en el Diario La Tarde de Risaralda. Abril 13 de 1991.

aprobar planos, de velar por el desarrollo urbanístico y de ejercer funciones de policía para hacerlas cumplir, pero qué planeación se hace respecto de la economía local, o de los aspectos sociales (educación, salud, recreación, servicios públicos, justicia, seguridad y otros de carácter accesorio). Obviamente en este aspecto es mucho el camino que se debe recorrer y las mejoras que se tienen que hacer.

Para lograr el éxito en este campo se deberá hacer acopio de un inmenso esfuerzo, donde no solo se comprometan las autoridades locales sino, en general, de todos los estamentos municipales. Un fenómeno que es de resaltar es el relacionado con la participación equilibrada de toda la sociedad al realizar un Plan de Desarrollo, el cual no debe ser producto de tecnócratas o de las decisiones de un o algunos políticos pretenciosos de tener la verdad revelada, acerca de qué necesita su comunidad, o de cómo se resuelven sus problemas; tal participación debe ser real en termino de decidir autónomamente en el proceso de la planeación. Entonces la comunidad debe estar presente y ser consiente en la elaboración de los diagnósticos, del establecimiento de objetivos, de políticas, de metas y programas que se pretendan establecer, igualmente de participar en su ejecución, control y evaluación.

Puede llegarse a la conclusión de que tal proceso es difícil, y ciertamente lo es, por que es difícil que la toma de decisiones sea democrática, en razón al sin número de intereses y criterios que manejan, y este es un problema que se resolverá con buenos líderes (especie en extinción) y de unas herramientas técnicas y legales capaces de crear un clima de concertación y racional entendimiento.

¿HACIA DÓNDE VA LA CULTURA?[6]

"LA CULTURA VA HACIA DONDE SE DIRIGE EL ESPÍRITU HUMANO"; la cultura, entendida como resultado del trabajo del espíritu humano, es entonces, todo cuanto hemos creado (política, economía, arte, ciencia, tecnología, religión, mitos, folclor, etc.), es también un sinnúmero de expresiones impredecibles, tal y como es el mismo ser humano. La trilogía HOMBRE-CULTURA-SOCIEDAD, es una simbiosis dinámica, está en crisis y es objeto de estudio de muchos científicos, de diferentes disciplinas (sociólogos, antropólogos, etnólogos, psicólogos, hasta economistas y administradores); además, el hombre común y corriente se lamenta de "...la cultura se está perdiendo...", las cuales son muestras claras de la preocupación sentida por un fenómeno complejo, inteligible a veces, pero definitivamente está ahí, en la mente del hombre.

Obviamente, un científico puede referirse a la trascendencia que para una persona significa poseer cultura, pero, para los desentendidos, la cultura puede ser aquel acervo de valores comunes a toda una comunidad, llámese país, región, departamento o municipio. Si tomamos esta última acepción y la aplicamos para el caso colombiano, podemos preguntarnos ¿si existe o no una política cultural?, una política que permita fijar estrategias para rescatar, conservar y aumentar nuestra identidad, una política, obviamente planteada por el Gobierno Nacional y que, por supuesto, esté contemplada en el Plan de Desarrollo; de esta manera llegaremos a la conclusión de que poco o nada se habla de ésta, por considerarse de menor importancia, además porque no es una necesidad prioritaria pues el Gobierno debe preocuparse por satisfacer las de carácter físico, tales como vivienda, alcantarillado, velar por la propiedad privada, etc.

Si mal no estamos, en Japón, uno de los países de moda actualmente, se ha logrado un desmesurado desarrollo económico y social, tomando como ingrediente

[6] Publicado en Diario la Tarde de Risaralda. Abril 22 de 1991.

principal las principales características de su cultura, siendo aprovechadas estas para el éxito de su modelo económico. Para nuestro país, no hemos hallado la importancia de tener una identidad cultural, ello porque se ha dejado de aprovechar el recurso humano en toda su dimensión, escasamente realizando programas de capacitación y adiestramiento en tecnología, castrando las posibilidades de recrearse en sus expresiones puramente populares para, de esta manera, dejar de percibir los avances positivos que puede tener un espíritu creativo.

Se propone que la cultura, sea considerada como un servicio público (en razón a que es una necesidad general y que debe ser suplida por el gobierno); para lo cual debe considerarse que no es una cultura importada, venida peligrosamente, por medio de los sistemas modernos de comunicación. Debemos respondernos ¿hacia dónde vamos?, ¿hacia dónde se dirige nuestro espíritu...? ¿hacia dónde va nuestra cultura?.

DEPARTAMENTO ADMINISTRATIVO DEL SERVICIO CIVIL

Además de la reestructuración orgánica que se debe hacer en el Departamento, se requiere implementar una serie de políticas de carácter interno, de manera tal que facilite el propósito de lograr mejores resultados.

Para iniciar, se parte de la premisa de que el recurso humano es el principal eje dentro de cualquier proceso administrativo o productivo; además, entre otras sugerencias se plantean las siguientes:

- Facilitar la movilidad interna, del personal, de acuerdo al análisis de áreas que se requiera fortalecer.

- Ofrecer un programa de capacitación y reclutamiento de personal del nivel ejecutivo, asesor, directivo, con grandes dotes de liderazgo, y que sean agresivos, en términos de poseer un alto espíritu de compromiso con nuevos programas o proyectos, dentro del marco de mejoramiento, actualmente en formación.

- Permitir la creación de herramientas de coordinación interna (grupos, comités), para evitar el desgaste o la mala asignación de los recursos, determinando funciones claras a cada una de las dependencias o unidades administrativas, evitando, al mismo tiempo, la ética mal tratada e insana (a veces desleal y que a veces desborda los límites), la cual se establecerá partiendo de resultados en cada uno de sus campos.

- Desarrollar planes de capacitación, teniendo en cuenta las necesidades a corto, mediano y largo plazo, en concordancia con sus objetivos, funciones, políticas, programas, proyectos y presupuestos. Tal capacitación incluye temas de carácter técnico específico y general; contenidos que mejoren el amiente organizacional (cursos de manejo de personal, comunicación organizacional, relaciones humanas y públicas, etc.).

- Crear y mantener mecanismos de motivación; bienestar individual y colectivo. Por esta razón y en el campo de la planeación: se partirá de la distinción de dos dimensiones; la primera corresponde a la planeación como función inherente a los objetivos del Departamento y, por lo tanto, son de carácter macro, en otras palabras, estas corresponden a la Planeación de la fuerza laboral del Estado colombiano; la segunda dimensión se refiere a esa etapa del proceso administrativo. Se previene para que no se caiga en un síndrome de la planeación, que consiste en destinar desmedidamente los recursos en esta función.
- Establecer objetivos verificables (en tiempo, costo, beneficios, etc.), los que se pueden evaluar a través del control de gestión y de presupuestos.
- Hacer hincapié en el aprovechamiento del Presupuestos (o de los presupuestos), como herramientas de control y evaluación; en otros términos, se sugiere que el presupuesto sea una herramienta de gestión pública.
- Verificar que existe unidad de planeación, es decir, que todos los administradores sepan con certeza las premisas de planeación, los objetivos, tanto a nivel general como específico.
- Mantener un continuo seguimiento y evaluación de los planes y proyectos; esta evaluación debe prevenir desfases a medida que se dé la ejecución. Sobra decir que un buen sistema de planeación debe estar acompañado de un mejor sistema de control.
- Los planes, en lo posible, serán flexibles. En el reporte de control también estarán diseñados mecanismos de retroalimentación. Los planes tendrán siempre la posibilidad de absorber cambios, promovidos interna o exógenamente.
- Mantener mecanismos de motivación, de bienestar individual y colectivo.

En el campo de la auditoria operacional:

- Evaluar la precisión, confiabilidad y amplitud (campo de acción e influencia), de los datos administrativos.

- Evaluación de la calidad en el desempeño de los administradores, incluyendo sus aciertos en términos de ahorros (economías) y eficiencia en la utilización de los recursos y su efectividad en el logro de los objetivos propuestos.
- Recomendación y asesoría para el establecimiento de los procedimientos.

Se ha visto un deficiente sistema de información (y comunicación administrativa). Existe gran cantidad de información (datos) dispersa, que lleva a tomar deficientes decisiones:

- Se identificarán focos donde se genere información de cierta importancia.
- Establecer (o rediseñar) un sistema de información; para ello se diseñarán formatos de recolección, almacenamiento, consolidación y control de calidad, sin perder de vista la recuperación de información multipropósitos (interna o externamente).

Es necesario solicitar a la Contraloría, aclaración en cuanto a su función fiscalizadora, en el DASC, dado que está desarrollando tareas de coadministración, obstaculizando procesos.

ECONOMÍA Y MUNICIPIO[7]

En los próximos años se vivirá un nuevo orden municipal, para lo cual la administración local –o mejor, los responsables de la administración–, deberán estar preparados. La proyectada mayor descentralización (que implica mayor autonomía, mayor desconcentración de funciones, mayores recursos, etc.), que se está fraguando en la nueva Constitución Política de Colombia, crea el marco legal mediante el cual se implementarán una serie de herramientas, las cuales harán de este nuevo municipio un sistema de planificación micro y macroeconómica. Desde ahora se percibe la necesidad de lograr procesos de información estadística, autónomos, que permitan el más técnico manejo de las variables económicas, producidas en el municipio.

El actual concepto de Planificación urbana se revisará profundamente; tal concepto no solo estará contemplando el diseño y ejecución de obras ajustadas a un código, se irá mucho más lejos, se tomará como un proceso sistemático de previsión para el logro de un desarrollo equilibrado de la economía local. A propósito de apertura y modernización de la economía, el municipio no es ajeno a los cambios y el riesgo que éste implica para el aparato social y productivo. La municipalidad debe ajustar sus objetivos a los planes nacionales; microsistema económico –producción, distribución y consumo de bienes y servicios–, dentro de marco local será reflejo y resultado concreto de las políticas fiscales, laborales, monetarias y de comercio internacional del país.

Es hora de que los técnicos y políticos locales trabajen al unísono, para la elaboración de estrategias y herramientas con miras a proporcionar el bienestar general de su comunidad. La participación de la comunidad, del sector privado (de los sectores industrial, agropecuario y de servicios), será ingrediente fundamental para el establecimiento de los planes de desarrollo. Cada ciudadano, cada

---

[7] Publicado en el Diario La Tarde de Risaralda. Mayo 26 de 1991.

estamento –económico, político, cultural, religioso–, estarán bajo la coordinación de las autoridades locales, para realizar un tamizado de sus necesidades y permitir que sean plasmadas en las políticas, planes, presupuestos, programas y proyectos del municipio, no habrá posibilidad para las discusiones bizantinas o posiciones irreconciliables, solo habrá espacio para la concertación.

El nuevo municipio, será la base, y no solo en termino retóricos, de la economía nacional; dentro de una Republica Unitaria, democrática, esta mínima unidad administrativa estará integrada horizontalmente –en áreas metropolitanas, asociaciones de municipios– y verticalmente –departamentos, provincias, regiones y país–, dándole mayor presencia del Estado en todo su territorio. La integración vertical y horizontal permitirá el establecimiento de un modelo único de desarrollo, a pesar de la disímil dotación de recursos entre los actuales municipios colombianos; este mismo modelo tendrá que hacer realidad la redistribución de la riqueza nacional, a través de la posibilidades de captar y distribuir recursos para ser aplicados en su propio desarrollo; la posibilidad de crear nuevas fuentes de recursos –seguramente impuestos–, la cual debe ser manejada con suprema cautela y evitar que se genere una tiranía fiscal; al mismo tiempo se exigen mecanismo eficientes y fuertes de control.

Los modelos estadísticos y económicos que se propongan, tendrán que garantizar la previsión de ajustes dentro del proceso normal de inserción en una economía de mercado, los avances tecnológicos en este campo estarán en capacidad de brindar mejores oportunidades de bienestar general. Como no se trata solo de hablar y establecer magníficos planes, existirán criterios de evaluación (Incremento del Producto Interno Bruto Local, un mayor nivel de empleo, mejor distribución del ingreso per-cápita, más y mejores servicios públicos, etc.), que a la postre se convertirán en los reales indicadores del éxito o fracaso de esta agresiva propuesta.

FELIZ DIA CAMPESINO, PERO...[8]

Colombia es un país eminentemente agrícola, tal como lo han dicho diferentes especialistas, tal vez en razón a la participación –cerca de un cuarto del Producto Interno Bruto del país se genera en el sector agrícola–, y la notoria dependencia de las exportaciones del sector primario. En el campo habita cerca del 35% de la población colombiana.

A raíz, posiblemente del reconocimiento del aporte de los campesinos a nuestra economía, por este mes de junio estará celebrando el día del campesino. ¡Con seguridad no habrán faltado los azadones, los machetes, la cervecita, el aguardiente! ¡Ah!, y por supuesto la palmadita en la espalda, acompañada de sendos discursos –generalmente oportunistas, y casi siempre con pretensiones politiqueras–, augurándole un feliz día. No sé si es indiscreto preguntar si realmente se alcanza a dar el suficiente valor al trabajo que desarrollan esos espíritus y brazos, los cuales forjan la riqueza primaria de nuestra nación, por lo cual existen sobradas razones para decir que no; los diferentes estamentos económicos y sociales no han ponderado justamente tal esfuerzo.

No se valora suficientemente cuando algo más del 54% de la población rural se encuentra por debajo de los límites de pobreza, cuando el 64% de las viviendas no poseen los servicios básicos o cuando, comparativamente, los salarios del agro están en un 13% por debajo de los del sector urbano; adicionalmente se pueden seguir enumerando una serie de indicadores socioeconómicos que, lejos de producir felicidad, producen un aterrador desánimo.

Algunos problemas que aquejan el sector del agro en Colombia son: altos índices de desempleo, baja productividad, malas condiciones en la seguridad social, deficiente distribución –antieconómica y anti-técnica– de la tierra, gravísimos

---

[8] Publicado en el Diario La Tarde de Risaralda. Junio 5 de 1991.

problemas sociales, abismales, atrasos en cuanto al tipo de tecnología (solo usufructuada por la agricultura comercial), etc.… No sería absurdo decir que el desarrollo del país está comprometido directamente con el desarrollo del campo; si no existen mínimas condiciones para asimilar y crear nuevas condiciones de producción, acompañadas de la infraestructura en las áreas de producción, acopio, comercialización y de las variables que determinan en bienestar.

La teoría economía siempre ha afirmado que los países que dependen básicamente de su sector agropecuario están condenados a permanecer en el subdesarrollo, creo que esto no es la ley, pienso que un país con grandes recursos naturales –renovables y no renovables–, es una nación pronta a lograr un desarrollo donde se integren los demás sectores productivos. Más que proponer un modelo de industrialización, –de paso sea dicho, asumiendo inmensos costos económicos y sociales–, debe proponerse un modelo de generación de valor agregado, es decir que debe proponerse un modelo de agro industrialización que nos convierta en un fuerte competidor, en términos de productividad, precio y calidad, de materias primas; algunos pensarán que sería detener el tren del desarrollo, pues mantenemos en nuestra cabeza los modelos extranjeros vendidos en nuestras universidades: no debemos ser tan conformistas y continuar consumiendo los enlatados importados. Queda planteada una inquietud para la discusión, no podemos negarnos, por lo menos, el beneficio de su sano análisis.

Es urgente una reorganización del campo –no solo en cuanto a la redistribución de la tierra–, sino en cuanto a las condiciones y métodos de producción y comercialización; urge que se vuelva la vista al campo, promover un campo justo, a la altura de las nuevas relaciones económicas mundiales. Entre otras cosas, es necesario fortalecer los programas de capacitación en el manejo de la empresa agrícola.

Muy seguramente los campesinos pasarán un día con cierta alegría, pero… que hay de la angustia con que tienen que vivir el resto del año.

¿PARA QUÉ LA CARRERA ADMINISTRATIVA A NIVEL LOCAL?[9]

La Carrera Administrativa es un mecanismo por el cual los servidores del Estado, – empleados públicos–, son incorporados mediante un sistema particular de selección, capacitación y escalonamiento, donde se tienen en cuenta los méritos, la experiencia y la calificación en el desempeño.

Aunque en Colombia parece ser que no ha dado los resultados esperados debido, entre otras cosas, a funcionarios que temporalmente ocupan cargos del nivel superior, se la "pasan por la galleta" –como diría alguien por ahí– y realizan los concursos como bien les parezca; otras veces, porque son los mismos empleados quienes creen que éste es un escudo para proteger su incompetencia, incapacidad e ineficiencia; también los comerciantes de la política tienen culpa, dadas sus prácticas nocivas, que no vale decir aquí.

Además porque en la actualidad se están haciendo los esfuerzos institucionales, incluso con un alto costo político, para hacer que la carrera se aplique con todo rigor y, ante todo, se permita el desarrollo de sus más altos principios, en todos los niveles del gobierno.

Las ventajas serán experimentadas por: el mismo empleado, por el gobierno –en las veces de empleador– y la comunidad en general, así:

Para el empleado: le garantiza permanencia y ascenso, sujetas a la calidad de su desempeño; igualmente le evita ese denigrante "aporte" a los directorios políticos, para sostener las campañas. Además, profesionalizar y tecnificar el empleo público, permite que pertenecer al gobierno, en la condición de funcionario, deje de ser sinónimo de "burócrata, ineficiente o chanchullero".

---

[9] Publicado en el Diario La Tarde de Risaralda. Febrero 7 de 1992.

Para el Gobierno: le permite reclutar personal idóneo y con cualidades que le ayuden a cumplir a cabalidad con sus objetivos, plenamente sociales; al mismo tiempo facilita la unificación de las políticas y normas para el manejo del personal a su servicio.

La comunidad, desde luego, será el sector más beneficiado, ya que tener buenos funcionarios en los órganos del Estado, con seguridad redundará en un mejor aprovechamiento de los recursos y, por tanto, coadyuvar al logro de un mayor bienestar social.

¡Claro que habrá perjudicados! –como en casi todo, ¿no? –, por ejemplo, se verán afectados los malos empleados, –los deshonestos, los perezosos, los que se prestan para el fraude, etc. –, para los cuales ya no valdrá la recomendación del "padrino" político; también se perjudicarán los grupos políticos que garantizan su poder y supervivencia, pues la llamada tajada burocrática no les permitirá la manipulación de los empleos de la administración, será sensiblemente disminuida.

Implícitamente la política, como la técnica y el arte de gobernar, se dará un baño que la remozará, pues se eliminará una de las venas abiertas, que propicia la corrupción.

Desde luego la carrera Administrativa, o mejor su desarrollo legal y procedimental, no es suficiente para alcanzar las ventajas aquí planteadas, se requiere del esfuerzo serio y constante para su diseño e implantación a nivel municipal y departamental, del Gobierno y de los partidos políticos, como lo obliga la nueva Constitucional Nacional.

¿Para qué, entonces, la Carrera Administrativa a nivel local?, el mensaje debe ser claro: para que el más sencillo de los ciudadanos, en el más apartado de los rincones, tenga la certeza de un Estado justo, eficiente y una alta dosis de sensibilidad humana.

LA FUNCIÓN PÚBLICA, EFICIENCIA Y CALIDAD[10]

Desde hace algún tiempo hemos escuchado hablar acerca de la calidad total en la empresa privada, igualmente se ha oído recientemente preguntar acerca de la eficiencia en el Estado. De ninguna manera, hoy más que nunca, puede delimitarse la aplicación práctica de estos dos conceptos; no se concibe que en una economía se continúen diferenciando dos sectores en cuanto al ejercicio de la administración. Esto porque el sector gobierno y el sector público son elementos de un solo sistema, por tanto, continuamente están interrelacionados; esa interrelación hace necesario que el gobierno responda en igualdad de condiciones, o tal vez con mayor eficiencia, al sector privado, ello porque no puede darse un desarrollo equilibrado si persisten tales diferencias.

El gobierno tendrá que introducir, en la medida de lo posible, algunas prácticas administrativas, de gran éxito en el sector privado; no puede mantener un rezago tecnológico en campos como la planeación, la dirección, la administración de personal, la asignación de recursos, etc... Además, un país en crecimiento no puede darse el lujo de tener en su sector público, administradores y prácticas de menor rendimiento que en el sector privado.

Además, se propone llegar a la rentabilidad financiera del Estado, tratando de lograr que estos dos sectores mantengan similares niveles de gestión y el gobierno arroje, continuamente, altos beneficios sociales.

El gobierno debe prepararse igualmente para adoptar el concepto de eficiencia como un objetivo, mediante el cual se persiga la mayor y más apropiada utilización de los recursos que administra, en aras de permitir más cubrimiento de los servicios que provee; debe también planear, incluso las economías externas que tiene y puede proporcionar a todo el sistema (vías de comunicación, energía, red de comunicación, etc.); la eficiencia, entonces, no es solo útil y aplicable a la empresa

---

[10] Publicado en el Diario La Tarde de Risaralda. Mayo de 1992.

privada –sin decir que la empresa privada en Colombia es un modelo de eficiencia–, por fortuna, en las esferas gubernamentales, se habla cada vez con mayor insistencia de éste concepto y se espera que ojalá sean implementados los mecanismos más convenientes para llevarlos a la práctica y no se queden en una buena propuesta de gobierno; incluso porque esto debe ser fuente de continua inspiración de los gerentes públicos.

La calidad dentro de la función pública debe tomarse como una manera sistemática de hacer las cosas bien, el gobierno, al fin y al cabo, es la más grande empresa (combinación organizada de recursos para producir servicios), lo cual le obliga a crear y aplicar una cultura que conduzca hacia la calidad permanente. Los servicios (productos) deben tener la calidad de satisfacer necesidades públicas y tal satisfacción debe ser mayor al costo individual (tasas, tarifas, impuestos) que asumen un ciudadano (consumidor).

El empleado público, cualquiera que sea su rango o la naturaleza de sus funciones, debe tener claro que el gobierno es la única empresa que pueda socializar utilidades (aunque parece ser que, por ahora, socializa solo pérdidas) y es su responsabilidad –ética y moral– darle el mejor uso a los recursos, dentro del proceso de producción de los bienes o servicios; de igual manera se le concientizará de hacer siempre bien las cosas, en términos de hacer lo que es, a tiempo, incurriendo en el menor costo posible y dentro del inequívoco camino de conducir al país hacia el Desarrollo.

El gobierno no debe aislarse, por ningún motivo, de los avances tecnológicos; en cambio, es muy positivo si se convierte en líder, respecto de la generación y asimilación de nuevas técnicas de administración.

ORGANIZACIÓN Y MÉTODOS

En el Departamento Administrativo del Servicio Civil se ha venido a llamar sistemas y procedimientos a la sección encaminada a lograr la eficiencia, calidad y óptima utilización de los recursos mediante el análisis, requisitos y su determinación, diseño y desarrollo, implantación y evaluación de los métodos de trabajo.

Históricamente, esta metodología se aplicó inicialmente a la producción de bienes, es decir, a los procesos industriales propiamente dichos; posteriormente se difundió a áreas como las actividades militares y, en los últimos años, se utiliza en los procesos con miras a la producción y/o prestación de servicios.

Los procedimientos corresponden a una herramienta administrativa desarrollada en las fases de organización y planeación del proceso administrativo. Hace acopio de una variada gama de técnicas de programación y de medición del trabajo.

Un procedimiento corresponde a una guía que dice como realizar las actividades – para el caso de DASC– con miras al logro de los objetivos institucionales. Una tarea puede realizarse manual y/o automáticamente, pero esta debe realizarse en forma ordenada, e influida por principios como flexibilidad, integralidad, economía, con lo cual se indica que debe haber un aprovechamiento racional de los recursos.

Mayo 5 de 1992

Esta sección se propone diseñar una metodología apropiado para el establecimiento de los procedimientos, de tal forma que se facilite la asesoría a todas las dependencias; ello en razón a que es el usuario (quien ejecuta la tarea), quien debe hacer el mayor esfuerzo para normalizar su trabajo, además de considerar parámetros de autocontrol.

Finalmente, estamos convencidos de que el Servicio Civil, como organismo rector de la administración de personas del sector público, debe hacer un esfuerzo para ubicarse como modelo del Estado Colombiano, esto se incorpora, asumiendo una actitud positiva frente al cambio.

FUNCIÓN PÚBLICA Y EFICIENCIA[11]

El Estado tiene como función principal la de promover y facilitar los medios, para que los asociados, en forma justa y equilibrada, logren el desarrollo; para alcanzar este objetivo se ha organizado en tres ramas (ejecutiva, legislativa y judicial), unos órganos de control (Contraloría y Procuraduría), y la rama electoral.

Cada una de estas ramas está compuesta de diferentes organismos e instituciones que, de acuerdo a una jerarquía establecida en la Constitución o en las leyes, realizan actividades y funciones diferentes. Esto último no implica que vayan por caminos diferentes; desde el punto de vista de los principios administrativos, tales entidades deben aportar, en forma integral, al logro del objetivo del Estado y, como hemos visto, no solo en los últimos meses, sino desde hace mucho tiempo en Colombia se ha venido presentando, algo así como una "anarquía institucional", donde predomina el desorden, la duplicidad de las funciones, las contradicciones en los conceptos y en la ejecución de planes –aunque muchas carecen de éstos–, así como el que un rezago administrativo cause un terrible desperdicio de recursos – entiéndase como mal gasto del erario público–, perjudicando gravemente al país.

Son muchas las causas del problema aquí planteado, una de ellas y de las que poco se ha hablado, es la que tiene que ver con que, a los administradores públicos, les ha faltado entender que el Estado no es solo la rama ejecutiva; lo que se convierte en un desconocimiento del artículo 113 de la Constitución Política y demuestra la ignorancia de los principios básicos de la administración.

La función pública entonces, es la función del Estado; para ello, aparte de los recursos materiales, financieros y tecnológicos, deben establecerse políticas y, en general, directrices claras respecto del recurso humano –el funcionario público–, en los niveles nacional, departamental y municipal, además de revisar las estructuras administrativas, objetivos, funciones y procedimientos de todas las instituciones que

---

[11] Publicado en el Diario La Tarde de Risaralda. Junio 28 de 1992.

lo integran. Sin estos prerrequisitos, los esfuerzos que se hagan por incrementar la productividad y la eficiencia, no se pueden encontrar, en contraste con un sector privado altamente tecnificado y dispuesto a afrontar las exigencias de una economía de competencia. Es necesario motivar el desarrollo organizacional, en el Estado colombiano, con todo lo que ello implica.

La eficiencia en el Estado debe ser el resultado de una bien pensada estrategia; es un derecho de la sociedad y un deber de los funcionarios e instituciones que lo integran.

MUNICIPIO, APERTURA Y DEMOCRACIA

Sin lugar a dudas, por estos días Colombia vive un ambiente complejo. Este obedece al periodo preelectoral, con miras a elegir alcaldes, concejales y diputados. En una época donde, según parece, las ideologías políticas han perdido importancia, y se convirtieron, incluso los nuevos partidos, en máquinas electorales, para los cuales las acciones programáticas y el desarrollo social se utilizan en frases de cajón, en el mejor de los casos y en especie de "carnadas" para atraer electores.

Ahora se observa lo que, en el municipio, como unidad administrativa inicial, es el que se juega su futuro, dadas por el nuevo clima económico que se ha dado a llamar apertura económica. ¿Sobre ello se busca establecer qué relación puede tener el proceso electoral, el municipio y la democracia? Desde luego esto tiene una íntima e importante relación.

El municipio, como entidad inicial, político administrativo, dentro de un proceso democrático, como son las elecciones, avocará la escogencia de quienes dirigirán los destinos de todas y cada una de las localidades de Colombia. En este sentido serán Alcaldes y concejales quienes, a nombre del Estado, promuevan la función de planificación, regulación y redistribución. El municipio, que es donde cotidianamente los ciudadanos realizan sus actividades, debe ofrecer las garantías suficientes, para que tales actividades se realicen sin contratiempos y en forma progresiva.

Además, es allí donde se realiza la actividad económica (comercial, industrial y agropecuaria), la educación, las relaciones sociales, la recreación, el deporte, las actividades deportivas, ¡ah!, donde se pagan los impuestos. Ello implica que la administración local permita la realización de tales actividades.

Por lo tanto y, ahora más que nunca, se exige que los dirigentes locales, encabezados por el Alcalde hagan lo necesario para cumplir con estos objetivos de la administración pública.

GERENCIA VS. PLANEACIÓN ESTRATÉGICA[12]

La Planeación es una función del denominado proceso administrativo y, en este sentido, está supeditada a las ejecuciones y planteamientos de la gerencia – entiéndase alta dirección–.

Actualmente, dentro de los diferentes organismos del Estado se ha venido hablando –y posiblemente aplicando– la llamada planeación estratégica, lo cual se ha convertido en una especie de fiebre, y parece, según algunas personas, ser lo "in" en el campo de la administración, junto con la calidad total. Sin embargo, se puede afirmar que aquellas personas que dicen que la planeación estratégica es lo último de la moda están equivocadas dado que, según varios textos, esta es una herramienta de hace más de cuarenta (40) años, e incluso se remonta a las actividades de las I y II guerras mundiales. Por otro lado, y lo que es peor, no hay claras muestras para indicar que, al menos en el sector público, esta técnica se haya entendido bien; además, algunos administradores públicos creen, incluso, que es incompatible con otras herramientas administrativas (como por ejemplo la administración por objetivos), dando muestras de una grave ignorancia sobre el tema.

Desde luego no se está queriendo decir que, por sí sola, la planeación estratégica es mala o buena, lo malo es que, de manera un tanto irresponsable, se estén ensayando modelos de planeación –ni siquiera de administración– verdaderamente desconocidos, aunque no novedosos.

La concepción tal y como se muestra en los párrafos anteriores a cerca de la planeación ha llevado a varios extremos, entre otros:

- Todos los niveles jerárquicos de la organización realizan "planeación estratégica", de manera indiscriminada. Todos establecen objetivos, políticas, estrategias, metas y hasta proponen y cambian la razón de ser del

---

[12] Publicado en el Diario La Tarde de Risaralda. Enero 13 de 1993.

organismo, cuando es que no existe o se desconoce. No hay unidad de planeación.

- La alta dirección ha dado mayor importancia a la planeación que a sus otras funciones de coordinación, dirección, control y ejecución.

- La exagerada preocupación por el "qué", "para qué", dejando olvidado en la mayoría de los casos el "cómo". En otras palabras, olvidando ejercitar el arte de hacer las cosas (técnica y administrativamente).

- Se ha llegado a una anarquía en cuanto a que existen en un determinado momento planes de cada una de las áreas o divisiones administrativas, a todas luces contradictorios, incluso haciendo que unas pocas de esas áreas administrativas sean las responsables de la "misión de la organización", de tal manera que el recurso humano que pertenece a las demás áreas se desestimule y se convierta en un problema.

No se niega que el término "planeación estratégica" es sugestivo, pero no por ello deja se ser una simple herramienta de apoyo para la gerencia. Posiblemente el gobierno tiene excelentes planificadores, pero carece de buenos administradores.

Debemos entender que un plan no es la acción, ni si quiera cuando es bueno, es tan solo el marco o una guía para las acciones mismas.

Permanentemente se elaboran sofisticados y "exquisitos" planes estratégicos, producto del arte puro, pero cuando se van a poner en práctica se dan al traste, debido a que se ignoran algunos criterios para llevarlos a cabo, fallando en la operación: dicho de otra forma, hay un exagerado acento en lo estratégico, en contra de lo táctico y lo operativo. Comúnmente, aunque no necesariamente es así, las formulaciones estratégicas riñen con lo práctico y económico, lo que con toda seguridad es culpa de los responsables de la planeación, a quienes les cabe la responsabilidad, incluso de carácter social, de hacerlos compatibles.

Parece ser que algunas personas, con aire de "descreste" pretenden aplicar modelos matemáticos, de manera ortodoxa en la administración, por lo que no es posible que una organización pueda encasillarse en una fórmula matemática, permitiéndose así ignorar los factores social y humano que la componen y que la rodean.

De todo esto se concluye que, desde luego, hay que planear, pero que ello es tan solo un elemento dentro de esa función compleja que debe realizar la gerencia.

NUEVOS ENFOQUES Y HERRAMIENTAS PARA LA ADMINISTRACIÓN FINANCIERA

Aunque generalmente se convierte en el "coco" de los gerentes o directores generales de las empresas, una de las áreas a la cual se le da realmente importancia en la empresa es la Financiera, seguramente porque todos los resultados de la gestión empresarial, tarde o temprano se verán reflejados en ella. Bajo estas condiciones, las facultades deben lograr que el aprendizaje de las diferentes herramientas de las finanzas pueda ser utilizadas cómoda y eficientemente por parte de quienes deben tomar decisiones. A propósito, muchas de las estadísticas obtenidas por los estudiosos de las ciencias empresariales las cuales indican que aproximadamente el 85% de los fracasos empresariales se debe a la "falta de competencia o de idoneidad" de quienes ejercen la administración.

Para todos en las empresas, especialmente para la alta dirección y los cuadros medios, debe tenerse una clara concepción de la aplicación y utilidad de las técnicas de administración financiera, sin importar si se está en el área de producción, ventas, desarrollo, personal, etc.

Hoy las áreas financieras deben ser las coordinadoras del sistema financiero de las organizaciones, sin que ello signifique que los resultados financieros sean su responsabilidad; puede simplificarse su labor a coordinar un sistema de información presupuestal, contable, contabilidad administrativa y contabilidad gerencial. Su mayor virtud, entonces, debe ser la de brindar oportunamente y de manera sencilla la información que se genera en dicho sistema; así mismo deben, quienes laboren allí, tener la habilidad para asesorar correctamente a quienes toman decisiones acerca del estado actual y de las posibles alternativas o caminos de tipo financiero que se deben seguir para optimizar los recursos disponibles tanto de la empresa como del mercado. Esta última habilidad implica claramente la necesidad de que tales personas deben ser buenas "pedagogas".

Una de las herramientas importantes es la de aprovechar el uso de los recursos informáticos, la que le permite administrar mayores volúmenes de información de manera organizada e integrada con la ventaja de ahorro en tiempo. Esta herramienta debe evaluarse desde el punto de vista de hardware (equipos), software (programas) y el humanware (conocimiento humano), que son los tres elementos básicos de un sistema financiero. Un cuarto elemento, para el caso que nos ocupa, es la misma información.

Aunado al uso de la informática, debe destacarse por su creciente desarrollo: el intercambio electrónico de datos -IED- y que, aunado a la comunicación por internet, comunicación inalámbrica o satelital, etc., permite llevar a cabo transacciones cada vez más sofisticadas con su respectivo registro y evaluación de impacto, en tiempo real, en el campo de la producción, las ventas, banca normal, finanzas internacionales, mercado de capitales, entre otras cosas.

Vale decir que hoy se está utilizando cada vez con mayor profundidad la gestión enfocada a resultados, y para el campo financiero se utilizarán como herramienta de excepción los índices financieros. Según esto, se deberá diseñar un tablero de control en donde estén resumidos por lo menos los indicadores más importantes de la empresa interrelacionada. Esta herramienta, sin lugar a dudas, requiere del desarrollo de un buen sistema de información contable y financiero, que la nutra de datos valiosos.

Desde luego, las herramientas aquí citadas deben emplearse de manera integral. Se puede perder todo el potencial sinérgico de las mismas. Por ejemplo, de nada valdrá poseer una excelente red de cómputo si no se posee igualmente del software avanzado o si se carece del personal calificado para aprovechar dicha información.

Es de anotar que es muy común que del sistema de información financiera se desaproveche en su capacidad para facilitar los procesos de planeación y control empresarial. Esto es, la posibilidad de elaborar presupuestos, de realizar simulaciones, control de resultados financieros e incluso los operacionales, de evaluar áreas de gestión, etc.

Para finalizar, este sistema de información, no necesariamente debe ser automatizado, pues habrá empresas pequeñas, o que apenas se estén iniciando, cuya capacidad no justifique poseer computadores. Muy seguramente el solo pensar en la compra de un computador es un problema de grandes proporciones. Lo que se requiere allí, por ejemplo, es que el manejo de archivo documental, que es donde estará consignada la información, sea llevado de manera ordenada, y este se acompañe de un sencillo sistema de contabilidad, los cuales deben complementarse, por ejemplo, con unos formatos para el cálculo y evaluación de índices financieros sencillos pero muy comunes.

Resumiendo lo planteado, la propuesta concreta es que las empresas deben preocuparse por el diseño e implementación de un adecuado sistema de información empresarial, el cual debe ser un sistema estratégico de información financiera -SIFE-, aludiendo al carácter sistémico en su conformación por elementos que interactúan ordenadamente, y que además es estratégico, en cuanto a la posibilidad de ser congruente con la ejecución y la evaluación de corto, mediano y largo plazo, así como la virtud de considerar integralmente todas las áreas de la empresa.

Una conclusión importante que puede presentarse, es la de afirmar que los gerentes financieros no deben preocuparse por administrar dinero, sino información.

CARTAS

Las cartas que aparecen en este acápite se relacionan directamente con una parte de las ideas del autor de forma libre y que se encuentran direccionadas a algunos de los aspectos que han influenciado su forma de pensar.

También se puede afirmar que este tipo de documentos se relaciona con las necesidades que observa el autor en diferentes aspectos y situaciones que merecen ser rescatados o revisadas de forma profunda por entidades superiores.

La manera en que se elaboraron tiene una profundidad y un enfoque directo a aquello que realmente se quiere o necesita.

CARTA # 1 Asistentes al V Encuentro de Casas de la Cultura

Dosquebradas, marzo 14 de 1991

Señores

ASISTENTES AL "V ENCUENTRO NACIONAL DE CASAS DE LA CULTURA"

Atte. Junta Directiva ACOOCULTURA

Con la firme intención en que, de este encuentro fraternal de los trabajadores de la Cultura colombiana, salgan sugerencias concretas en pro del estado de bienestar de la sociedad colombiana, teniendo en cuenta lo anterior y…

A raíz del éxito que ha tenido el Club Juvenil de la Casa de la Cultura de Dosquebradas (R/da), traemos a su consideración la propuesta de que tal organización funcione como un grupo fundamental dentro del engranaje administrativo de las casas de la Cultura en cada municipio colombiano.

- Qué es el club Juvenil de la casa de la cultura de Dosquebradas R/da?
  - ✓ Es un grupo formal mixto, de jóvenes, cuyas edades oscilan entre 15 y 26 años, que nació en Dosquebradas (R/da.) El mes de febrero de 1990, con el objetivo fundamental de servir de grupo de apoyo, para las diferentes actividades que desarrolla la casa de la cultura; lo que permite a las personas que participen de este grupo obtener beneficios tales como: motivación, identificación, reconocimiento social, capacitación formación en el campo de liderazgo, etc., con criterio comunitario.

- Justificación:
  - ✓ El grupo nace como una necesidad de satisfacer las expectativas que tienen los jóvenes a nivel municipal, contando con el requerimiento de la Casa de la Cultura de recurso humano voluntario, para dar mayor

cubrimiento de sus propias actividades. Así mismo, adelanta tareas de coordinación y apoyo dentro de los programas de la Institución, dada su importancia a nivel local, además de sus compromisos de carácter regional y/o departamental.

+ ¿Cómo funciona el Club?
  ✓ El grupo posee unos estatutos, donde se fija su estructura orgánica y cuenta también con un reglamento disciplinario para asegurar el cumplimiento de los deberes y derechos de sus socios. Posee, igualmente, una Junta Directiva (con un presidente, un secretario general, un fiscal, un tesorero y dos vocales, con sus respectivos suplentes).
  Sobra decir que el Club está sometido a las directrices generales de la casa de la Cultura; ello no impide que desarrolle actividades por su propia iniciativa. Las actividades de ejecutar, a través de programas debidamente planeados con anticipación fijando, objetivos, recursos (materiales, financieras, humanos) necesarios, sitios y personas beneficiadas. Dichas actividades comprenden programas recreativos, ecológicos, deportivos, culturales, cívicos; además organizar talleres, seminarios, encuentros, foros, cursos, exposiciones, acordes con dos necesidades municipales, de la Casa de la Cultura o internas.

  Para permitir un mejor desarrollo de las tareas se crearon comités así: Deportivo, cultural, recreativo, de Relaciones Públicas a los cuales se inscriben los socios que consideren que pueden aportar su esfuerzo. Así mismo, se han conformado grupos artísticos: de teatro, danzas, música folclórica.

+ Requisitos:
  ✓ Para pertenecer al Club Juvenil deben cumplirse los siguientes requisitos mínimos:
    - Tener entre los 15 y 26 años.

- Vivir en el respectivo municipio.
- Tener un alto espíritu al civismo y servicio social.
- Sentir una gran estima por sí mismo y por los demás.
- Poseer un alto grado de superación, y
- Un supremo deseo por que Colombia salga adelante.

🔸 Recursos financieros:
  ✓ El club, financia sus actividades básicamente así:
    - Aportes directamente otorgados por la Casa de la Cultura.
    - Aportes personales de los socios activos u honorarios. Ej.: Una cuota mensual de cien pesos $100.
    - Auxilios de otras instituciones, por ejemplo: Alcaldía, empresas privadas, etc., estos auxilios pueden ser en dinero o en especie.
    - Servicios prestados a empresas privadas.

🔸 Ventajas:
  ✓ Para la Casa de la Cultura:
    - Permite dar un mayor cubrimiento geográfico y programático dentro de su municipio.
    - Tener una mayor variedad y flexibilidad en sus programaciones.
    - Es un foco de atracción para que los jóvenes se vinculen a las actividades de la Casa de la Cultura.
    - Disminuye el esfuerzo en la divulgación de las manifestaciones culturales en términos generales y folclóricos en particular.
    - Facilita el desarrollo de una política cultura, en forma integral.

  ✓ Para los Jóvenes:
    - Les permite desarrollar sus capacidades de liderazgo.
    - Facilita identificar sus inclinaciones culturales cívicas y deportivas.
    - Motivar su vocación de servicios a su comunidad.

- Permite que los jóvenes utilicen en forma sana y efectiva sus espacios de ocio.
- Incrementar su sentido de responsabilidad y organización.
- Dar la oportunidad de participar en el desarrollo cívico-social de su municipio.

Finalmente, se hace necesario contar con el decidido apoyo de los Directivos de la Casa de la Cultura. Seguramente las necesidades de cada Institución y del Municipio son diferentes, por lo cual es necesario adoptar algunas variaciones pertinentes.

Mayor información:

Casa de la Cultura Dlds. (R/da)
Cra 16 n° 49-30
Tel. 268836

CARTA # 2 Al Director Periódico La Tarde

Bogotá, Marzo 26 de 1991

Doctor

RODRIGO RIVERA SALAZAR

Director Diario La Tarde

Pereira (R/da.)

De antemano, quiero agradecerle su disposición al tener en cuenta los artículos que a bien tenga Ud. publicar en el prestigioso diario que acertadamente dirige.

Quiero, por ahora, plantear un tema relacionado con la concepción del Estado en cuanto al cobro de la prestación de servicios.

Por naturaleza, de acuerdo a la teoría del Estado, este se encarga de satisfacer, en primer lugar, aquellas necesidades denominadas públicas, sin tener en cuenta si es o no rentable; los Estados latinoamericanos y, específicamente el colombiano, muestran una gran ineficiencia. A los líderes de los diferentes gobiernos les da miedo pensar en que el Estado puede llegar a ser rentable. La rentabilidad es susceptible de ser aplicada en el sector público, a diferencia del principio de racionalidad en el sector público. Una pregunta que puede plantearse es ¿si el Estado puede o no realizar actividades rentables?, seguro que sí, y aquí se haría referencia a las Empresas Industriales y Comerciales del Estado, pero se puede aplicar el concepto de rentabilidad, por ejemplo: a la administración de justicia, a la educación, con seguridad los críticos del capitalismo, por no decir los socialistas, estarían aterrados de un planteamiento de tal naturaleza.

En términos elementales, la rentabilidad implica que teniendo en cuenta una inversión inicial se logre tener un valor futuro porcentualmente mayor que tal inversión, ello teniendo en cuenta las condiciones de mercado. La ciencia económica ha desarrollado conceptos de rentabilidad que, de ninguna manera, chocan con los conceptos netamente financieros o contables; tales conceptos son el de rentabilidad económica y el de rentabilidad social. El primero de ellos se refiere a la manipulación de los llamados costos de oportunidad, mientras que el segundo se refiere al conocido análisis de costo-beneficio. Decíamos anteriormente que los gobernantes latinoamericanos tienen miedo de aplicar tales conceptos. Un proyecto estatal puede ser rentable y, desde luego, ello no implica que se estén obteniendo contablemente ganancias; es rentable de las erogaciones hechas que el mismo permiten alcanzar un mejor bienestar, pero no en el sentido clásico, sino como un estado susceptible de ser medido (por ejemplo: un aumento en el cubrimiento de los hospitales, de las escuelas a una población del 10%), además se ha dicho que los proyectos (o programas) del Estado han caído en un grave error, como es el de no proponer objetivos verificables, parece ser que debe limitarse a especular acerca de los beneficios de su ejecución, lo cual obedece a una cultura política, donde los partidos políticos no se quieren comprometer con una meta.

Paralelamente al análisis anterior se plantea la necesidad de establecer indicadores (el sector privado los nominaría estándares), de tiempo, costos, eficiencia, para desarrollar un programa de rentabilidad.

Partiendo de los conceptos anteriores, haremos una sinopsis de su posible aplicación dentro del proceso de presupuestación del sector público. Iniciamos resaltando algunas fallas:

- No existen medidas (estándares).
- Quienes elaboran el Presupuesto, no alcanzan a percibir la importancia este para el proceso de planeación.
- El presupuesto no se realiza como un medio para control y evaluación del avance de los proyectos.
- El presupuesto obedece a unos criterios en convivencia policía, tanto institucional como de grupo.
- El proceso de presupuestación, no es participativo, y mucho menos interpreta las reales necesidades de una comunidad, debido a la impersonalidad del mismo.

+ Las limitaciones técnicas del sistema de información (generación, recolección, almacenamiento, control de calidad y posterior divulgación de la información), no permite la utilización óptima de los datos.

Puede entonces vislumbrarse la aplicación conceptual y procedimental de los argumentos anteriormente esbozados. En primer término, debe aceptarse la idea de la aplicabilidad de la rentabilidad en la administración pública. Ello puede justificarse, si es "racional", que el Estado siga desperdiciando recursos humanos, materiales, tecnológicos, administrativos, de capital y financieros, aplicando descuidadamente un proceso administrativo (planeación, organización, coordinación, dirección y control) donde, para empezar, no hay claridad ni certeza en la Planeación.

La hacienda clásica no puede proseguir; es urgente una revisión y una decisión política, la cual se comprometa en realizar un cambio. Uno que sea necesariamente en de "cultura empresarial", los administradores públicos deben poseer una serie de conocimientos técnicos, legales, un compromiso social y sobretodo una gran condición de líder para adelantar el esfuerzo por el cambio. Es triste ver como el empleado público no se esfuerza por aplicar sus conocimientos, como derrocha los recursos a su disposición y no tiene el más mínimo sentido de afecto y compromiso por la Institución donde presta sus servicios.

La presupuestación como elemento clave del proceso de planeación debe realizarse con criterios altamente técnicos y con un fondo político que ayude a fijar un presupuesto óptimo, social, económico, financiero y político, el cual pueda ponerse en marcha y no alimente expectativas infunda mentadas o demagógicas.

A continuación, se esboza un sencillo procedimiento para realizar un buen proceso de presupuestación:

Se aclara que debe estructurarse un presupuesto nacional, el cual debe desarrollarse sectorialmente, en donde participen todas y cada una de las unidades político-administrativas, en forma ascendente, así: barrio, vereda, municipio, departamento, región y, por último, la nación. El criterio de democracia participativa debe prevalecer con un claro sentido de descentralización: es oportuno mencionar la creación de mecanismos (diseñar formatos, establecer periodos fijos, responsabilidades, métodos de control, financiamiento), por cuanto puede caerse en una especie de síndrome de planeación, que más que beneficiar entorpezca y haga más tortuoso e improductiva esta etapa.

ENTIDADES DE ORDEN MUNICIPAL: DE ACUERDO AL SECTOR PRODUCTIVO O POR ÁREA SUSCPETIBLE DE PLANEAR.

Sobra decir que no todos los proyectos o programas de orden municipal, pasarán al nivel departamental, esto depende de si el municipio tiene oportunidad de llevarlos a cabo (previendo sus necesidades: técnicas, de mano de obra, financieros, políticos, etc.), los que deben estar enmarcados dentro del o los objetivos de interés nacional, para no permitir desequilibrados regionales.

Los diferentes organismos esbozados aquí no deben ser antes ejecutores, pero si deben poseer un alto nivel de compromiso y conocimiento pertinente al área en que se desenvuelven.

Se recomienda que el Plan Nacional, o sea el consolidado de todo el país, sea adoptado por Ley; lo que lleva a la conclusión que debe ser el Congreso Nacional; igualmente se recomienda que sea fijado al menos para cinco (5) años, y que el periodo presidencial no coincida con el inicio y horizonte del mismo.

El plan debe tener algunas características tales como:

+ Recibir un claro apoyo político en todos y cada uno de los niveles.

+ Dese ser flexible, a tal punto de admitir cambios (de carácter táctico), de acuerdo a los cambios de internos o externos.

+ Debe tener mecanismos de control y evaluación. Estándares, cronogramas, tareas de rentabilidad (financiera, económica, social).

+ Debe ser claro en las entidades, responsables de la ejecución y de la evaluación de los Planes, proyectos, programas.

+ Claros procedimientos de financiación (recursos propios, créditos, costo del crédito, etc.).

+ Un equilibrio entre los presupuestos fiscales, el del Plan, el de caja.

+ Debe ser reflejo fiel del tipo de Estado (intervencionista o no), de la política fiscal, económica, laboral.

+ Acompañarse de un proceso de descentralización y participación democrática.

PROCESO DE PLANEACIÓN

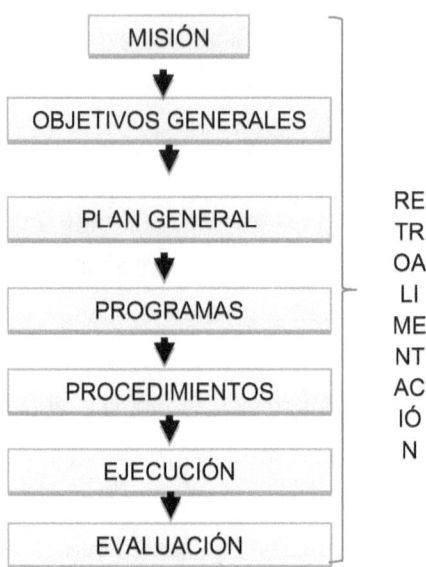

- MISIÓN: Explicar en forma genérica la filosofía del plan.
- OBJETIVOS GENERALES: ¿A dónde se quiere llegar?, cuantificado.
- PLAN GENERAL: Establecer el plan a través de un presupuesto, con las indicaciones pertinentes.
- PROGRAMA: Plantea los objetivos específicos, a través de los proyectos. Los proyectos deben tener un esmero técnico en su formulación y evaluación. Medir factibilidades: Técnica, Económica, Social, Financiera, Legal, Administrativa, con un acertado análisis de sensibilidad.
- PROCEDIMIENTOS: Descripción de las diferentes operaciones.

ENFOQUE SISTÉMICO:

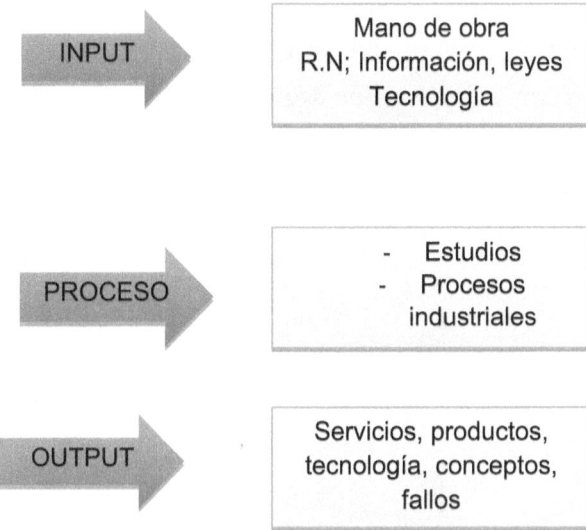

| INPUT | Mano de obra R.N; Información, leyes Tecnología |

| PROCESO | - Estudios - Procesos industriales |

| OUTPUT | Servicios, productos, tecnología, conceptos, fallos |

PROCESOS A TENER EN CUENTA:

- Proceso administrativo: Planeación, organización, coordinación, dirección y control.
- Proceso de Planeación:
  - Ya descrito
- Proceso de información:
  - ✓ Generación.
  - ✓ Clasificación y almacenamiento.
  - ✓ Control de calidad. (Análisis de bondad).

✓ Publicación:
- Para información general.
- Para la toma de decisiones.

Cada paso debe tener formatos especiales, que eviten que la información sea sesgada. Cada sector genera un tipo de información diferente.

CARTA # 3 A un Concejal de Pereira

Bogotá, abril 5 de 1991

Doctor
JUAN CARLOS VALENCIA

Concejal
Pereira (Rlda.)

Quiero por intermedio de esta presentarle un cordial saludo y desearle al tiempo pleno éxito en sus actividades.

Aprovecho para plantearle una inquietud que tengo respecto de la Planeación en el Sector Publico. Esto es, cualquier persona puede darse cuenta del desperdicio de recursos (humanos, financieros, económicos, tecnológicos, materiales), sí como de la deficiente calidad y altos costos de los servicios públicos (salud, justicia, educación, seguridad, energía, agua, etc.). Pienso que el factor que incide con mayor peso es la forma de hacer la planeación en dicho sector. Obviamente esto repercute en la profunda insatisfacción social que actualmente vivimos pues su efecto, por ejemplo, se hace sentir en los cuantiosos pagos de tasas e impuestos al gobierno, no sería arriesgado afirmar que, en términos económicos, se convierte en un elemento claramente inflacionario.

En primera instancia, sería necesario revisar la actual metodología de planeación, desafortunadamente tal metodología está ligada o mejor, es producto del enfoque centralista de las políticas económicas y, en general, de carácter social. Un gran error consiste en que los planes o programas que se pretenden ejecutar no consultan las necesidades prioritarias de una comunidad, parece ser que el criterio de un político o de un tecnócrata tiene mayor peso al momento de tomar la decisión acerca de la cual o cuales son las necesidades sentidas de una comunidad, puede decirse que no hay participación (concentración, democrática, dirían otros) en el proceso de la planeación.

En segunda instancia, tenemos la desafortunada elaboración de los presupuestos, es increíble ver como el presupuesto de la nación se distribuye según los apetitos políticos predominantes (algunas pocas veces de muy buena voluntad), cuando se trata de las entidades territoriales; así como es vergonzoso escuchar que una apropiación presupuestal, para una entidad centralizada o descentralizada, debe ser incrementada en un ciento veinte por ciento (120%), dizque "para que nos den un poco más que el año pasado y si pedimos el 20%, por lo menos nos aprobaran un 10%, como puede verse son unos criterios que adolecen de un sentido técnico de la planeación, pues se esgrimen argumentos que nada tienen que ver con la realización de un diagnóstico de necesidades, de disponibilidad de recursos, ver si se enmarcan o no dentro de una política nacional, o si de pronto están comprendidos en un programa o proyecto de orden regional.

El presupuesto del sector publico deja de ser una herramienta de control y evaluación de la gestión de un Gerente Público, sería este un tercer elemento a corregir; la Contraloría General de la República, escasamente revisa (o chulea) los procedimientos contables ajustados a las normas, o si las licitaciones se ajustaron al código fiscal, pero no tiene la menor aproximación a evaluar si determinada partida o presupuesto se justifica en términos de rentabilidad financiera, económica y social. Debería, antes de crear más trabas, desde el punto de vista fiscal y jurídico, promover el análisis técnico de la ejecución presupuestal. Esto hace necesario que el Estado cree unas herramientas apropiadas para evaluar sus planes, políticas, metas y procedimientos; como puede hablarse de lograr la eficiencia si no existe un sistema de costeo, si no hay claridad al establecer responsable de la ejecución de un programa, si continúa existiendo la duplicidad de actividades (dos o más instituciones hacen prácticamente lo mismo, o dos o más personas en una entidad ejecutan procedimientos diferentes para lograr el mismo objetivo); o cómo se puede hacer seguimiento a la ejecución de un proyecto cuando no se involucran elementos de evaluación y control.

Un cuarto elemento a corregir es la no continuidad de la ejecución de un programa. A la vuelta de la esquina se ven obras inconclusas, o entidades que se vuelven obsoletas cuando termina un periodo presidencial o el de un alcalde, sobra decir el porqué de estos fenómenos. En otras palabras, debe garantizarse la ejecución total de un determinado proyecto.

Los invito a Ud. y al sector académico al cual pertenece, para que en conjunto elaboremos propuestas que ayuden a corregir las fallas aquí planteadas como de otras que seguramente les preocupa.

CARTA # 4 Al Director del periódico La Tarde

Bogotá, Abril 14 de 1991

Doctor
RODRIGO RIVERA SALAZAR
Director – Periodo La Tarde
Pereira (R/da.)

Quiero, por intermedio de esta, presentarle un cordial saludo y desearle, al tiempo, pleno éxito en sus actividades.

Como pude contarle telefónicamente, desde Julio del año pasado inicié la maestría en Economía en la Universidad Javeriana; a la vez que me estoy desempeñando como empleado en el Departamento Administrativo del Servicio Civil, DASC., donde el Dr. Carlos Humberto Isaza R., es Jefe. Deseo agradecerle, de antemano, el hecho de brindarme la oportunidad de hacer publicación, si son considerados analíticamente, y llegan a merecer ser sacados a la luz pública, de algunos de los artículos, que pueda enviar. Igualmente, y en la medida de sus posibilidades, comunicarme las observaciones del caso.

Con el ánimo de aportar a la discusión teórica de la Planeación en el Sector Publico, quiero hacer unos apuntes, los cuales considero se enmarcan dentro de la actual política que, sobre la materia, se empeña el Gobierno del Doctor Gaviria.

Cualquier ciudadano desprevenido puede darse cuenta del inmenso desperdicio de recursos (humanos, económicos, financieros, tecnológicos, materiales, etc.), así como de la deficiencia, en cuanto a calidad y oportunidad de los servicios públicos (salud, educación, seguridad, energía, agua, etc.); pienso que el factor que incide en forma más determinante, es la también deficiente planeación en tal sector. Obviamente esto se convierte en un abono al caldo de cultivo, de insatisfacción social de la actualidad, no sería arriesgado afirmar que, en términos económicos, se convierte en un elemento altamente inflacionario, por ejemplo, por el hecho de los relativamente, altos costos de aquellos servicios públicos.

En primera instancia, sería necesario revisar la actual metodología de la planeación, tanto a nivel Nacional como Regional, Departamental y Municipal, desafortunadamente tal metodología está ligada, o mejor, es el producto del enfoque centralista de las políticas económicas y en comunidad, en cuanto a la determinación de sus necesidades en orden prioritario, parecen obedecer más al criterio de un político o unos tecnócratas, no necesariamente a una mala intención; puede asegurarse que no hay participación, dicho de otra manera, los planes carecen del apoyo de la comunidad. La comunidad debe participar entonces en el diagnóstico, determinación de objetivos, políticas, metas, programas, presupuestos, evaluación y control de las acciones con miras a resolver sus problemas.

En segundo término, están los criterios, escasamente técnicos, con los cuales es elaborado el presupuesto; los presupuestos obedecen a una negociación de naturaleza "política" que, poco o nada, tienen que ver con un mecanismo sistemático y de consolidación que deben reflejar.

El presupuesto público deja de ser una herramienta de control y evaluación de la gestión de los gerentes públicos; sería un tercer elemento a corregir; para ello se propone que la Contraloría General de la Nación no solamente confronte si la ejecución presupuestal se ajusta a las normas de carácter fiscal, sino a realizar algo así como una auditoria de gestión, es decir que también evalué la ejecución desde el punto de vista de rentabilidad social, económica o financiera, según sea del caso. Para ello se hace urgente que el Estado tenga parámetros de evaluación de sus planes, y en particular de los procedimientos que se involucran en el proceso de planeación, de otra forma no creo que sea posible hablar de eficiencia, por ejemplo, el costo de tomar una u otra decisión. En resumen, deben establecerse mecanismos que permitan el seguimiento en la ejecución de los planes.

Un cuarto elemento a corregir es el relacionado con la continuidad en la ejecución de un programa; es de apuntar que, como hay infinidad de obras (físicas o institucionales), los cuales están sin terminar, debido al famoso cambio de gobierno, deben entonces crearse normas, pienso que de orden constitucional, para garantizar la plana ejecución de los programas, los cuales tendrían fuerza de ley, para evitar la parálisis y, por tanto, el inadecuado uso de recursos públicos.

CARTA # 5 al Alcalde de Dosquebradas (R/da)

Bogotá D.E. Junio 8 de 1991

Señor
GERMAN ANTONIO AGUIRRE MUÑOZ
Alcalde Municipal
Dosquebradas (Rlda.)

Señor Alcalde:

Con preocupación me he enterado de su intención, por qué no decirlo, con carácter revanchista y politiquero, de quitarle la administración del Parque Metropolitano Los Lagos de la Pradera, a la Casa de la Cultura de Dosquebradas; digo que con preocupación, porque no veo ninguna razón bondadosa en una acción que seguramente tiene unos afanes mezquinos.

Me pregunto cómo, en el actual periodo de diálogo y concordia que se está abriendo en el país, su corazón aún está invadido por el virus de la discordia –peor que el del cólera–, y en cambio de apoyar las acciones de algunas instituciones, lo que hace es destruir, mediante una famosa alcaldada.

Problemas como la falta de diálogo con la empresa privada, por ejemplo, no son enfrentados con profesionalismo y mucho menos con deseos de hacer más próspera a la ciudad de Dosquebradas, en un municipio donde se produce más del setenta por ciento de las exportaciones del Departamento; la clase política, mal encabezada por el Señor Alcalde, dedica una gran cantidad de esfuerzo. No se justifica que estando en tales ocupaciones no se elabore un programa de concertación, donde se unifiquen las tasas impositivas, se desarrollen obras de infraestructura, etc., para hacer un municipio con un clima político-administrativo, mucho más atractivo para la inversión privada.

No se entiende, tampoco, como el alcalde de una ciudad de cerca de ciento cincuenta mil (150.000) habitantes, presta la administración municipal para tales "peleas mal casadas", mientras existen barrios sin una calle pavimentada, o sectores urbanos y rurales sin intención, siquiera, de ser dotados de los mínimos servicios públicos, o no existen proyectos para las actividades deportivas, culturales, recreativas para la juventud que sean iniciativa de la administración municipal.

Con todo el respeto que se merece su investidura, he llegado a pensar que esto también es parte de la inmadurez, en mala hora, cuando los jóvenes con cargos de liderazgo, deben preocuparse por actuar –y desde luego pensar–, con toda la frialdad posible, y no cometer torpezas como esta.

Por todo lo que Dosquebradas significa para mí, le pido señor Alcalde que ponga los pies en la tierra y la cabeza en proyectos y acciones que realmente se traduzcan en desarrollo para este municipio.

CARTA # 6 Al Ministro de Hacienda

Bogotá D.C, marzo 15 de 2002

Doctor
JUAN MANUAL SANTOS
Ministro de Hacienda
Ciudad

Ref.: <u>Donación de un día de salario</u>

En mi calidad de asalariado y en vista de su interesante propuesta para recolectar dinero para la guerra, muy respetuosamente me permito manifestar mi inconformidad sobre la destinación de estos recursos. Sin embargo, solicito muy comedidamente indicarme en número de cuenta corriente del Tesoro Nacional, con el fin de consignar el dinero respectivo, pero no con destino a financiar más la guerra si no la educación.

Creo que estamos mal enfocados y el país lo que necesita no es guerra, si no más y mejor educación, salud, vivienda, cultura, entre otros.

La idea es convocar a los colombianos a contribuir con dinero para resolver los verdaderos problemas del país es muy interesante, para lo cual puede contar con mi humilde apoyo. Lo que pasa es que debemos es identificar y atacar los problemas o preferiblemente sus causas, por decirlo de alguna manera, de carácter estructural o estratégicos. En esto, con seguridad, habrá más colombianos que lo acompañen.

BIBLIOGRAFÍA

Diario La Tarde (1987) Un nuevo estilo de liderazgo. Risaralda. 14 Agosto. 1987.

Diario La Tarde (1991) Planeación municipal. Risaralda. 13 Abril. 1991.

Diario La Tarde (1991) ¿Hacia dónde va la cultura? Risaralda. 22 de Abril. 1991.

Diario La Tarde (1991) Departamento Administrativo del Servicio Civil. Risaralda. 29 de Abril. 1991.

Diario La Tarde (1991) Liderazgo y juventud. Risaralda. 17 Mayo. 1991.

Diario La Tarde (1991) Economía y municipio. Risaralda. 26 de Mayo. 1991.

Diario La Tarde (1991) Feliz día campesino, pero... Risaralda. 05 Junio. 1991.

Diario La Tarde (1991) La educación, motor de la modernización en la economía. Risaralda. 17 Junio. 1991.

Diario La Tarde (1992) ¿Para qué la carrera administrativa a nivel local? Risaralda. 07 Febrero. 1992.

Diario La Tarde (1992) La función pública, eficiencia y calidad. Risaralda. Mayo. 1992.

Diario La Tarde (1992) Organización y métodos Risaralda. 03 Mayo. 1992.

Diario La Tarde (1992) Función pública y eficiencia. Risaralda. 28 Junio. 1992.

Diario La Tarde (1992) Hablando de inflación. Risaralda. 16 Septiembre. 1992.

Diario La Tarde (1993) Gerencia vs. Planeación estratégica. Risaralda. 13 Enero. 1993.

Aviso legal

Gracias por sus observaciones y comentarios a:

info@garzonvivasconsultoria.com

www.garzonvivasconsultoria.com